8
CALAS
CINEMATO
GRÁFICAS EN
LA LITERATURA DE
LA GENERACIÓN
DEL 98

8 CALAS CINEMATOGRÁFICAS EN LA LITERATURA DE LA GENERACIÓN DEL 98

EDITOR:
RAFAEL UTRERA

ANTONIO CHECA
VICTORIA FONSECA
INMACULADA GORDILLO
VIRGINIA GUARINOS
Mª DOLORES MEJÍAS
JOSÉ LUIS NAVARRETE
ANA RECIO
RAFAEL UTRERA

SERIE COMUNICACIÓN

PADILLA LIBROS EDITORES & LIBREROS
SEVILLA

© De los autores

D.LEGAL SE-1.496-99
ISBN. 84-89769-13-3

PADILLA LIBROS EDITORES & LIBREROS
c/. Laraña, nº. 2
41003 SEVILLA (ESPAÑA)
Teléf. 95-4218065
e-mail: padillalibros@accesosis.es

LOS ESCRITORES DE LA GENERACIÓN DEL 98 Y EL CINEMATÓGRAFO: ADAPTACIONES FÍLMICAS DE SUS OBRAS

por
Rafael Utrera

Director del
Equipo de Investigación en Historia del Cine Español
y sus Relaciones con Otras Artes.
Universidad de Sevilla

LOS ESCRITORES DE LA GENERACIÓN DEL 98 Y EL CINEMATÓGRAFO: ADAPTACIONES FÍLMICAS DE SUS OBRAS

EN TORNO AL DISCURSO LITERARIO

El Equipo de Investigación en Historia del Cine Español y sus relaciones con otras Artes (EIHCEROA) participó durante el año 1998 en algunos Congresos y Encuentros sobre la denominada Generación literaria del 98.

Así, el Congreso *Otros 98: Literatura y Cine*, con dirección académica de la Dra. Mª José Porro Herrera, perteneciente a la Facultad de Filosofía y Letras (Área de Literatura) de la Universidad de Córdoba, se celebró en Pozoblanco los días 20, 21 y 22 de mayo de 1998. La proyección de diversas películas basadas en obras de autores noventayochistas, seleccionadas por los organizadores, permitió, más allá de su presentación, contribuir a su conocimiento con otras tantas comunicaciones en las que se ofrecieron los más significativos rasgos fílmicos en relación con la obra de origen. Estas aportaciones son las que ahora ven la luz. Las intervenciones de los Doctores Javier Tusell, José Romera Castillo, Borja de Riquer, Brigitte Magniem, aportaron significativas orientaciones sobre las artes plásticas, el catalanismo en la política española, las nuevas concepciones y planteamientos en la novelística, entre otras cuestiones. Como clausura del encuentro, el director de este Equipo fue invitado a desarrollar el tema "La Generación del 98 y otros 98 ante el Cinematógrafo".

Del mismo modo, el Congreso *Reflexión sobre un Centenario*, dirigido por la Dra. Angelina Costa, de la Universidad de Córdoba, y patrocinado por la Diputación cordobesa, reunió los días 1, 2 y 3 de diciembre de 1998, a los Doctores Antonio Gallego Morell, Ricardo Senabre, Paul Estrade, Geoffrey Ribbans, Adolfo Sotelo, Luis Alonso Álvarez, Enrique Rubio Cremades, Ignacio Henares Cuéllar, Carmen Pena, Teodosio Fernández, Mª Fernanda García de los Arcos y Luis Iglesias Feijoo. Los temas literarios, sobre la diversa obra de Unamuno, Machado, Azorín, Baroja, Valle Inclán, Ganivet, alternaron con los relativos a la guerra hispanoamericana, la coyuntura económica de Filipinas, etc. Quien esto firma presentó la ponencia "Cinefilia y cinefobia en escritores del 98".

Todavía, antes de finalizar el año, en la ciudad alemana de Regensburg (Ratisbona), se celebró, entre el 9 y el 12 de diciembre de 1998, el Simposio Internacional *Los discursos del 98: España y Europa*, dirigido por el catedrático Jochen Mecke; el programa general se articuló atendiendo a los siguientes temas: "Discursos intelectuales del 98"; "Simbolismo, modernidad, decadencia"; "Cultura y Artes"; "Innovaciones estéticas"; "Cine y Medios de Comunicación", "Tradición y Mitos", "Identidad y Alteridad" y "Cien años desde 1898". Participaron en los diversos bloques los doctores Inman Fox, José Luis Abellán, Christop Strosetzki, Jorge Urrutia, Richard Cardwell, Vittoria Borsó, Gonzalo Navajas, Serge Salaün, Germán Gullón, José Rafael Hernández Arias y Francisco José Martín, entre otros. Atendiendo a la invitación de su director, desarrollamos la ponencia "Los discursos cinematográficos del 98: del europeísmo a la modernidad".

En tanto no se publiquen las actas correspondientes de cada uno de los encuentros, sólo podrá tenerse una visión global y prematura. Ello no es obstáculo para adelantar algunas cuestiones planteadas en aquéllos y que, como anotaciones personales, con toda su carga de provisionalidad, pueden figurar en esta introducción.

La oportunidad del centenario puede ser clave para los futuros estudios historiográficos. Las diversas líneas de investigación impuestas en los últimos años han venido anticipando ciertas cuestiones. Un factor repetido en los congresos mencionados relega los términos "generación" y "98" en beneficio de "modernismo"; es decir, los planteamientos de contenido literario se priorizan sobre los vinculados a lo histórico. En cierto modo, las formulaciones que partiendo de Pedro Salinas, en la década de los 30, reafirmaron posteriormente Ángel Valbuena Prat y Guillermo Díaz Plaja, pueden cuestionarse entendiendo el movimiento de fin de siglo bajo perspectivas más abiertas, universales y heterogéneas.

Los términos "modernismo" y "noventayochismo" se interpretaron y explicaron como excluyentes, el primero excesivamente vinculado a situaciones idílicas y extrarrealistas mientras que el segundo se vio ligado a un reduccionismo de excesivas limitaciones sociopolíticas. Una interpretación restringida y separada de ambos conceptos limita el sentido de una vida cultural que, necesariamente, participó de mayores y mejores componentes susceptibles de ser analizados bajo perspectivas más selectivas. Parece avecinarse, pues, un cambio de rumbo, una nueva dirección, donde la lectura de específicos conceptos no tenga que tener necesariamente condicionantes ajenos.

Al tiempo, puede quedar en evidencia una cierta corriente que ha defendido tradicionalmente el retraso de nuestra literatura respecto a las corrientes europeas coetáneas y donde el concepto de modernidad referido a la obra de los escritores finiseculares se ha puesto en entredicho. La puesta en común de una tan amplísima como ejemplar producción literaria puede encontrar un sentido más preciso y definido en el contexto general de la literatura europea y, en consecuencia, se podrá ver en qué medida las relaciones de nuestra literatura son más afines con la extranjera de cuanto anteriormente se había establecido. Dicho de otra manera, la respuesta que, en el futuro inmediato, se podrá ofrecer respondería a la pregunta de si las corrientes literarias producidas en la España de finales del XIX discurren por cauces semejantes a lo que se entiende por modernidad europea.

La debida contextualización socio-cultural no puede perder de vista la situación de una España que padecía un secular caciquismo y una periclitada oligarquía; unido ello a un corrupto sistema electoral, impedía desarrollar una estructura social conforme a los sistemas europeos vigentes; pero, por otra parte, una clase intelectual de marcados caracteres progresistas –vinculados a las actividades del Ateneo y de la Institución Libre de Enseñanza– accedía a la cultura europea y, desde el conocimiento de ésta, abordaba la preocupante realidad española.

Del mismo modo, la relación de esa literatura con otras artes y con los medios de comunicación, desde la prensa al cinematógrafo, ha aportado nuevos veneros cuyo carácter interdisciplinar contribuyen a un enfoque mucho más abierto del objeto de estudio. Una lectura pluridimensional de las prácticas estéticas permite arrojar luz, diferente, sobre el objeto de cada una de las artes o medios en relación con las demás.

Algunos de los congresos mencionados han orientado sus planteamientos y han conducido sus investigaciones hacia las prácticas existentes en la cultura española donde se inscribe el discurso noventayochista; entre otros, se han tenido en cuenta los aspectos "filosófico-teológicos" que orientan un incipiente existencialismo, las "prácticas estéticas de la modernidad" que afectan decisivamente a la nueva creación literaria, la renovación de las categorías y los esquemas que han definido previamente el entramado necesario para catalogar "la generación" o los segmentos que la integran, la pertinente relación entre medios de comunicación al uso –la prensa especialmente- y los aparecidos en proximidad cronológica con el grupo literario -el cinematógrafo y la radio–. El conjunto de tales prácticas discursivas en su mutua interrelación puede aportar nuevos enfoques donde el signo de la modernidad lleva implícito la referencia a la europeización y, al tiempo, el interrogante sobre cómo se preserva la identidad española; en último término, los nuevos planteamientos centrarán el dilema de cómo se produce la renovación sin detrimento de una pérdida evidente de su esencialidad cultural. Las vinculaciones entre vanguardismo europeísta y las innovaciones habidas en la poesía, novela y drama españoles deben situarse en una adecuada interrelación que, desde otra perspectiva, aporte visiones más amplias y enfoques más pertinentes.

Las distintas orientaciones existentes en la escritura poética de nuestra literatura, entre el final del siglo y las décadas inmediatas, no son ajenas a cierta influencia europea donde, en concreto, la francesa resulta la más evidente. Del mismo modo, una renovación teatral, superadora de la comercialidad al uso, no tenía más remedio que incorporar los elementos peculiares del mejor simbolismo europeo, entendido ello como una modificación de las características del lenguaje y del espacio escénico.

Por lo que respecta a la presencia del cinematógrafo en el contexto de esta generación, un planteamiento válido es aquel que ha tenido en cuenta las distintas incidencias de un medio, el literario, sobre el cinematográfico, y viceversa; el pensamiento de los escritores respecto a un nuevo espectáculo es recibido con displicencia por unos y con respeto por otros. Estos últimos permiten aventurar posturas mas abiertas en adecuada consonancia con los postulados europeístas. Los nuevos medios visuales o audiovisuales se convierten en un nuevo ambiente para el discurso literario y, antes o después, acaba afectando a diversos procedimientos de la práctica literaria. Pero además, la literatura tiene que resituarse en el conjunto de otras actividades que obligan a una confrontación entre sí y entre medios de comunicación. Como entiende el doctor Mecke:

> Sus técnicas sirven también como modelos para renovaciones estéticas que abarcan tanto procedimientos concretos como los principios mismos de la comunicación. Así la literatura transgrede el dominio del sentido simbólico con el fin de hacerse eco de lo real, de la contingencia o del mero ruido. La destrucción noventayochista de los moldes habituales de la novela por ejemplo, de la historia o del personaje, radica tanto en el rechazo de la novela realista como en la competencia de la prensa de masas, del cine o del gramófono.

EN TORNO AL DISCURSO CINEMATOGRÁFICO

En 1896 tiene lugar la primera proyección pública en Madrid del Cinematógrafo Lumiere, y, de inmediato, su expansión como entretenimiento de masas y vehículo de expresión artística. Los escritores que desarrollan su actividad literaria en los años inmediatos al acontecimiento coinciden en reaccionar, positiva o negativamente, ante el nuevo espectáculo, en unos casos, mostrando opiniones, generalmente desde perspectivas literarias, sobre la condición cultural y social del mismo y en otros, ofreciendo un novedoso intervencionismo en la industria bajo modalidades tan diversas como asesoramiento y producción, dirección e interpretación.

Ya Azorín en su artículo "El séptimo arte" publicado en *La Prensa* de Buenos Aires, describió, en 1928 (15 de abril), las actitudes de rechazo o aceptación mostradas por los intelectuales para con el cinematógrafo. Para él, unos reniegan de un espectáculo que se detiene en la ficción chocarrera y halaga el gusto ínfimo de la muchedumbre mientras que otros se muestran más discretos y sensatos. De modo semejante, Pío Baroja, en su intervención en el *Cine-club Español* (24 de febrero de 1929) con ocasión de la presentación de la película *Zalacaín el aventurero*, de Francisco Camacho, se catalogaría a sí mismo «un poco murciélago, a veces pájaro, a veces ratón», frente a sus compañeros, que son amigos del cine o "cinematófilos" o enemigos del mismo o "cinematófobos"; los primeros «esperan del cine algo como el Santo Advenimiento»; los segundos, «auguran que, a fuerza de películas, iremos al caos, al abismo, a la obscuridad de la noche cineriana», según puede leerse en el número 53 de *La Gaceta Literaria*.

Unos y otros, más allá de su posterior adscripción a grupos literarios o generaciones, *modernistas, noventayochistas, no noventayochistas, coetáneos del 98,* etc., se mostraron, desde la literalidad de sus opiniones, más cinematófobos, como Miguel de Unamuno y Antonio Machado, o más cinematófilos como Ramón Mª del Valle Inclán, Serafín y Joaquín Álvarez Quintero, Ricardo y Pío Baroja, Azorín, Manuel Machado, Eduardo Marquina, Gregorio Martínez Sierra y Pedro Muñoz Seca, entre otros. En cualquier caso, téngase en cuenta que esta hipotética clasificación es tan pedagógica como arbitraria ya que sus posicionamientos respectivos han dependido de épocas y circunstancias; quienes antes fueron "pájaros" se convirtieron en "ratones", o viceversa, y acabaron siendo "murciélagos" (Baroja *dixit*).

Un recorrido por el universo de los autores nos permitirá comprobar, en paralelo con las alternativas azoriniana y barojiana, las conexiones existentes entre su personal cosmovisión y su actitud para con el arte recién nacido; los escritores aquí referidos son exclusivamente aquéllos que han tenido adaptación de su obra en el cine español y a la vez el film ha sido seleccionado para ilustrar sesiones del congreso antes mencionado.

Ricardo Baroja: "La nao Capitana"

Este Baroja fue la personalidad más enigmática de la familia; en el libro *Gente del 98* trazó su propia semblanza de escritor, pintor, grabador y activo miembro de las tertulias literarias. Su obra *El Cometa* fue estrenada, sin éxito, por María Guerrero. Intervino, como actor y decorador, en el teatro *El mirlo blanco,* cuyas representaciones se efectuaban en su propia casa. Con *La nao Capitana* consiguió el premio Cervantes.

Ricardo participó activamente en tareas cinematográficas. Su primera colaboración la hizo en el film *Sexto sentido* de su amigo el arquitecto vasco Nemesio M. Sobrevila donde interpretó al enigmático profesor Kamus, un empirista de la objetividad de la cámara cinematográfica; posteriormente intervino, como Tellagorri, en *Zalacaín el aventurero,* dirigida por Francisco Camacho. Sus últimas aventuras cinematográficas ocurrieron en Francia, interpretando a personajes secundarios en los filmes sonoros rodados en los estudios de Joinville; tales vivencias las contó minuciosamente en el relato autobiográfico *Arte, Cine y Ametralladora,* publicado en la prensa madrileña. Aunque la base de la narración y la intencionalidad del escritor es dar la experiencia cinematográfica, ésta queda combinada con opiniones y aventuras señaladas desde el propio título. Su participación en semejantes tareas se basó no tanto en su interés por la novedad del sonoro como por la posibilidad de vivir en el extranjero.

Su obra *La nao Capitana* fue llevada al cine en 1947 por Florián Rey. Al decir de Antonio Checa:

> [...] se trata de una novela de aventuras ambientada en la España del siglo XVII, volcada en la carrera de las Indias, que tiene mínimo éxito cuando se publica, explicable por sus escasos méritos literarios, aunque paradójicamente obtiene el Premio Nacional de Literatura de 1935, pero que doce años después de editada, en la España de la posguerra, va a interesar al cine como vehículo de exaltación del descubrimiento y colonización de América. La propia estructura de la novela, con abundante diálogo y descripciones rápidas, favorece también, en principio, su traslado al cine. Estamos, en cualquier caso, ante un relato bastante al margen de lo que representa la generación del 98, con independencia de valores literarios. No parece tener otro objetivo que una narración entretenida, de ahí también la presentación puramente tópica de lo que supone el Descubrimiento, aunque precisamente sean esos tópicos los que interesan a la productora y le sirven de apoyo a la hora de pedir subvenciones oficiales.

Por su parte, el guión y la realización del filme:

> [...] acaban por situar el relato en las antípodas de la visión de España de esa generación. La película recorre los pueblos de España medio siglo justo después del Desastre sin que los avatares de ese denso medio siglo hayan hecho mella y modificado tópicos. Otro medio siglo después, cuando se cumplen los cien años de la pérdida de los últimos territorios americanos, *La nao Capitana* no puede ser vista sino como una curiosidad, a lo sumo como una oportunidad perdida para un acercamiento digno a una de las etapas más relevantes de la historia de España, pero por ello mismo especialmente necesitada de una visión equilibrada.

Los Machado: "La duquesa de Benamejí"

¿Cuándo conoció Antonio Machado el Cinematógrafo? No disponemos de un testimonio que lo acredite. Desde otra perspectiva, el Machado seguidor de Henry Bergson en el París de 1911 ¿tendría oportunidad de oír algunas explicaciones filosóficas sirviéndose del funcionamiento del cinematógrafo como eficaz ejemplo? En efecto, creemos que el autor de *Los datos inmediatos de la conciencia* es un pionero entre los intelectuales europeos que se sirven del nuevo invento y de su esencialidad para una mejor didáctica de sus postulados. Cuando en 1907, Bergson da a la luz su libro *La evolución creadora*, titula el capítulo cuarto "El mecanismo cinematográfico del pensamiento y la ilusión mecanicista". El poeta sevillano hizo una lectura personal de las tesis bergsonianas, prefiriendo el tema de la acción en la pantalla desarrollado con escepticismo y humor al análisis severo de la temporalidad cinematográfica. Sus opiniones sobre el cine podemos encontrarlas en la prosa de *Juan de Mairena* donde el profesor apócrifo la refiere a Abel Martín, «decía mi maestro», como teoría que el alumno ratifica, mejora y amplía por medio de calificativos y expresiones degradatorias, desde «invento de Satanás para aburrir al género humano» a «ñoñez estética de un mundo cinético»; se deduce que el cine: no es arte, ni vehículo de cultura, ni pedagógico (sobre todo «orientado hacia la novela, el cuento o el teatro»). Todo ello le lleva a la drástica conclusión de que «cuando haya en Europa dictadores con sentido común, se llenarán los presidios de cineastas» opinión que Machado suaviza con la advertencia «esto era un decir, claro está, de Juan de Mairena para impresionar a sus alumnos».

Juan de Mairena se llama a sí mismo poeta del tiempo y es la temporalidad materia barajada abundantemente en la obra machadiana; el tiempo y el cinematógrafo quedan emparentados porque uno y otro son inventos de Satanás: uno, «engendro de Luzbel en su caída», el otro, para aburrir al "género humano"; ideas que Machado hace partir de Abel Martín para que sean ratificadas por su discípulo. "Tiempo" que se supo ver en la poesía de Bécquer, «enjaulador del tiempo», como en la pintura velazqueña, pero faltó captar, bajo el iluminador precedente bergsoniano, el tiempo cinematográfico e, igualmente, el espacio; si Mairena hubiera sido hombre de otro tiempo, acaso hubiera definido el cine como: «la materia cromática y lumínica en la jaula encantada del espacio y el tiempo», pero su educación decimonónica prefirió aplicarla a la pintura.

Mairena también se pronuncia contra algo más; contra la educación física, a pesar de ser profesor de ella; este "ir contra" es juego coherente en toda la obra; los dardos contra el cine no son de otra categoría que los lanzados sobre otros eventos; en contra de lo que parecía, no es más que un elemento de un paradigma degradado o, simplemente, un tema más sometido al buen humor de un escéptico que, ante una realidad problemática, resuelve sus perplejidades como un pícaro intelectual que se burla de lo divino y lo humano, incluido el cinematógrafo.

La poesía, palabra en el tiempo, excluye al mármol duro y eterno, a la música y a la pintura; ¿por qué el cine, aparente compendio de las demás artes, iba a tener un trato diferente en la escala de valores machadiana? Como dice el «joven ateneísta de Chipiona», acaso se sitúa Machado ante un arte tan insignificante «que ni siquiera voy a verlo». No se olvide que Antonio es paseante al aire libre y le gusta oír el silencio del campo. A Mairena, como a su creador, el uso y abuso del fonógrafo, «magnífico loro parlante», empieza a fatigarle el tímpano; el poeta huye de todo guirigay y aborrece las máquinas parlantes porque «aprecia el aspecto sonoro de la nada». Mairena era hombre de oído finísimo que oía crecer la hierba. Siendo él mismo inventor de una máquina de cantar (trovar), acepta que pueda entretener a las masas e iniciarlas en la expresión de su propio sentir, pero su valor «como el de otros inventos mecánicos es más didáctico y pedagógico que estético». Esos otros "inventos mecánicos" pueden ser la máquina de escribir, el reloj ..., el cinematógrafo; quedan, pues, emparentados como hijos de la mecánica e igualados en su carácter utilitario y funcional.

Su hermano, Manuel Machado, manejó tempranamente en la poesía recursos donde la técnica cinematográfica le servía para explicar el mundo sentimental. Más tarde, en el periódico *El liberal* (1917), publicará comentarios en los que presta especialísima atención al cine. Su importancia radica en ser un compendio del pensamiento que su autor tiene sobre este espectáculo, en su toma de postura acerca del debatido tema teatro-cine, en mostrarnos que es un atento espectador cinematográfico; hace la defensa del cine no sólo como elemento capaz de captar la vida y eternizar lo momentáneo sino como espectáculo válido para reconstruir con minuciosidad rigurosa etapas históricas o míticas ciudades y personajes; lo acepta como nuevo medio, cree en su futuro, lo entiende como arte autónomo independiente del teatro y destaca su capacidad para captar la vida y eternizarla.

Los textos posteriores a 1919 repiten las ideas antedichas aunque ahora sin citar película concreta. Podríamos pensar que todo el entusiasmo depositado por el escritor en la etapa dorada del cine mudo se pierde en espectáculo sin originalidad, convertido en un mal sucedáneo del teatro, incluso sin disponer todavía de la palabra. En *Vida de Antonio Machado y Manuel*, Miguel Pérez Ferrero recoge la respuesta que los dos hermanos, conjuntamente, dieron en 1933 a la encuesta sobre teatro español formulada por un diario madrileño; la puesta en cuestión del cine corresponde a las opiniones de Antonio ya que el párrafo referido al mismo es semejante al incluido por éste en su *Juan de Mairena*. Respuesta, pues, firmada por los dos, pero suscrita, según parece, por Antonio. Posteriormente, en 1942, la revista *Primer Plano* (nº 95), reproducía unas declaraciones formuladas por Manuel sobre los problemas del cine y del teatro. El desencanto de Manuel para con el cine parece haberse cumplido definitivamente; su entusiasmo parece menguado, su desconocimiento le hace repetir ideas válidas en otro tiempo pero inadmisibles cuando el cine ha producido considerables obras maestras.

La versión cinematográfica *La duquesa de Benamejí* (1949), basada en la obra homónima de los Machado, fue llevada a la pantalla por Luis Lucia. Inmaculada Gordillo estima que:

> [...] entre las modificaciones a las que se somete el texto literario de los hermanos Machado destacan, sobre todo, las que atañen al trabajo en la concepción de un espacio narrativo cinematográfico. El texto teatral se desarrolla en los tres lugares que permiten otros tantos actos en que se divide la obra: la casa de la duquesa, la guarida de los bandoleros y la plaza del pueblo. Sin embargo, los personajes de la película habitan en un espacio dinámico, lleno de exteriores, que abarca –además de las localizaciones teatrales– la comisaría en la que se reúnen los soldados para planear la captura del bandolero, la casa del magistrado cordobés, un castillo en ruinas abandonado en el monte, pero sobre todo, los caminos, senderos y riscos de Sierra Morena.

Otro aspecto que separa la obra original del filme es la resolución del físico correspondiente a Reyes, la Duquesa, y a Rocío, la gitana; en la película, ambos están interpretados por la misma actriz. Por ello, la investigadora observa que:

> [...] es posible considerar que el comportamiento y la actitud de Rocío –esencial en el desenlace de la obra literaria de los Machado– posee ciertos rasgos de inverosimilitud. Sin embargo, si la gitana y la duquesa son idénticas físicamente, como se muestra en el filme, la rivalidad entre las dos mujeres –iguales en belleza– es mucho más posible. Lorenzo deja bien claro que no es el físico de la duquesa lo primordial: su atractivo se concentra en el porte, la elegancia y la distinción, algo inalcanzable para la gitana. Por ello, los ataques de celos de Rocío son mucho más coherentes en la trama de la obra cinematográfica. Y el peso de este personaje en el desenlace de los hechos es bastante más importante que el de

cualquier otro. El drama desencadenado por la gitana delatando a
los bandoleros primero, y matando a la duquesa después, resulta
más verosímil en el filme que en la obra teatral.

Pío Baroja: *"Zalacaín el aventurero"* y *"La busca"*

Pío Baroja conoció el cinematógrafo en Vera. Ya en
Paradox, rey (1906), cita la primitiva exhibición del
espectáculo; mantiene una cierta postura ante el mismo porque
lo considera el tope entre dos generaciones Y en su relación
con la literatura, estimará que los grandes tipos de la novela
son excesivos para la gran pantalla. Tanto en su obra de
creación como en sus memorias, alude a las repercusiones
que el cinematógrafo puede tener como propagador de una
nueva cultura, como modificador de unas costumbres y
renovador de un estrato social.

En *Zalacaín el aventurero* (1928), de Francisco Camacho,
Baroja intervino como actor; se refirió a sus recuerdos de rodaje
en el ensayo *Nuestra juventud*. Diversos fragmentos de la
película se proyectaron en una sesión del *Cine-club Español*
en el madrileño Palacio de la Prensa. Baroja, invitado por
Giménez Caballero, la presentó leyendo unas cuartillas donde
depositó sus juicios sobre el cine: la comparación con otras
artes, su evolución, el interés por la acción, etc.

La experiencia cinematográfica predispone a Baroja a la
confección de una obra con intencionados rasgos, valores y
matices de la expresión cinematográfica: *El poeta y la princesa*
o *El cabaret de la Cotorra verde*, subtitulada *Novela-film*. La
obra queda como una mezcla de novela y guión literario-
técnico en la que se combina el diálogo con el decorado, la
posición del personaje con la puesta en escena. Las unidades
en las que divide cada parte son heterogéneas; su composición
tiene mucho de cine mudo a pesar de los numerosos diálogos.
Varios géneros cinematográficos están presentes en el
desarrollo de la obra; bajo el tono general de comedia, se

acuñan recursos de cine policiaco, cómico y rosa.Pero los dos recursos más cinematográficos que dan este tono a la comedia es el uso abundante del primer plano como elemento señalador (plana de un periódico, hoja de un calendario que marca *viernes, 13,* etc.) y el del *flash-back* como evocador de algo ya conocido.

La segunda versión de *Zalacaín el aventurero* (1954) fue dirigida por Juan de Orduña. Al decir de Luis Navarrete, ciertos elementos de la película resultan narrativamente más satisfactorios que los utilizados por el escritor, así:

> [...] existe un nivel en la película más rico que en la propia novela. Nos referimos al plano discursivo. Se trata de descubrir quién nos cuenta o narra *Zalacaín el aventurero* novela, y quién nos narra o cuenta *Zalacaín el aventurero* película. La multiplicidad de voces narradoras convierte a *Zalacaín el aventurero,* película, en una obra más "real" que la propia novela. El filme se convierte así, por extraño que parezca, en paso previo a la obra literaria que la origina. Veamos. En la novela existe un único narrador. Éste puede, o no, coincidir con Pío Baroja. Si podemos demostrar la coincidencia de ambas figuras, narrador y autor, es gracias a la película, ya que en la novela no se dan pistas sobre esta figura discursiva. No sucede así en el filme, donde vemos al joven Baroja ejercer de interlocutor de las tres ancianas, y por tanto, él es el único conocedor de los hechos mostrados en la obra literaria. Sea como fuere, es a través de esta única voz por la que el lector tiene conocimiento de la vida de Zalacaín. Ella nos guía a través de la historia, nos muestra la realidad, su realidad. Por contra, en la película existen varios narradores, y por tanto diversos puntos de vista, además de una fantástica interrelación autoral entre Pío Baroja y Juan de Orduña que también afecta al escalafón discursivo de ambas obras.

En la década siguiente, la cinematografía española volvía a Baroja para plasmar en imágenes una parte de la trilogía de *"La lucha por la vida*; Angelino Fons dirigía *La busca* (1966), película muy considerada en el denominado "nuevo cine español". Las peculiaridades de obra literaria y filme, en sus

similitudes y contrastes, son puestas de manifiesto por María
Dolores Mejías quien observa lo siguiente:

> El filme, con una narración lineal, revela una historia personal e
> intimista, a la vez que denuncia un ambiente social clasista, mísero
> y reprimido que envuelve la vida de Manuel. Baroja, por su parte,
> no ordenó el relato a partir del protagonista, sino que se interesó
> más por mostrar determinados ambientes y personajes que de alguna
> manera rigen el comportamiento del chico. Ese desorden argumental
> le llevó a fragmentar la novela en tres partes de cuatro, nueve y
> ocho capítulos respectivamente, donde algunos personajes
> desaparecen de escena y reaparecen en capítulos posteriores.

Y del mismo modo, el planteamiento en torno a los
personajes se resuelve con estos resultados:

> Tanto en la novela como en el filme, los personajes masculinos
> y los femeninos no tienen sentido sino en relación con el
> protagonista. Baroja establece una estrecha relación entre vida
> honrada y mujer; este binomio se mantiene también en la película.
> La madre de Manuel, Petra, es la ligazón más fuerte mantenida por
> el protagonista para que su conciencia le retorne al buen camino;
> por ello cuando ésta falta, notará en gran medida ese vacío moral;
> además, cuando Justa le rechaza se integra definitivamente en el
> mundo de los desarraigados.

Unamuno: "La tía Tula"

La vía periodística para la expresión de sus posicionamientos
cinematográficos fue utilizada habitualmente por Miguel de
Unamuno; allí catalogó al cinematógrafo como «hórrido,
molesto, artiartístico, parlamentario, trágico, fatídico,
revolucionario» y lo enjuició como teatro sin literatura capaz
de dar el movimiento de una figura pero incapaz de ofrecer
ese movimiento en cada una de las instantáneas componentes
de la cinta cinematográfica; en consecuencia, su objeto estético
propio era representar las cosas que ocurrían sin palabras. Si

etimológicamente película es pellejo, "peliculear" una obra literaria no será otra cosa que "despellejarla".

Respecto a las influencias del cine en la sociedad, aunque reconoce que ayuda a fomentar la imaginación del público despertándole intereses estéticos, no podía ver bien la vertiente exhibicionista que prodigaba en aspectos tales como los desnudos de las estrellas cinematográficas, todas las cuales le parecían la misma en virtud de la cosmética; la influencia negativa se ejerce especialmente en la juventud de forma que, con frecuencia, queda asociada ésta a aquél; del mismo modo, con testimonio desdeñoso, relaciona el cine con otras actividades: elecciones, mítines, ópera, deporte, factor éste caracterizador de la juventud; tales aspectos los emparenta directamente con el binomio que podemos denominar "naturaleza *versus* civilización": enfrenta lo *natural* de la Naturaleza con lo *artificial* y mecánico y a la Vida con el Arte; se menosprecian tanto el telégrafo, el cinematógrafo, el automóvil, como el periodismo ya que presenta la noticia *sub specie momenti* en lugar de *sub specie aeternitatis*. Y si del agua se trata, Unamuno prefiere la que canta y cabrillea a la luz, en el arroyo o en la rivera, que la canalizada y mecánica de tuberías y contadores. Es pecisamente esta civilización la que invita a desdeñar el escritor para que empecemos a quedarnos con la cultura, ya que ésta es el meollo y la pulpa y aquélla la cáscara.

La vida es, para Unamuno, campos abiertos al aire y al sol y la inteligencia el verdadero principio de individualización; por ello, los nuevos medios técnicos contra los que se pronuncia, plantean conflicto en los factores "espectacularidad-intimidad" porque la radio, el teatro, el cine, la conferencia, procuran satisfacciones estéticas faltas de intimidad; el teatro suele ser una escuela de vulgaridad y, juntamente con las visitas, una fuente de ramplonización; por oír un concierto o una ópera, no da ni un céntimo; los teatros, cafés, casinos, salas de espectáculos, son –según él– en todas partes horrendos. El escritor prefiere leer cómodamente en casa un drama o una comedia a verlos representar. La exasperación, rayana en ira, se muestra cuando imagina la posible combinación de dos máquinas, el cinematógrafo y el fonógrafo, anticipando la realidad del cine sonoro. Se resistió a grabar su voz en magnetófono y no estaba predispuesto a ofrecer su obra a los cineastas para que efectuaran la adaptación correspondiente.

Sin embargo, la versión cinematográfica *La Tía Tula* (1964), dirigida por Miguel Picazo, ha resultado más que satisfactoria en el contexto del denominado "Nuevo cine español". Para Victoria Fonseca:

> [...] el relato unamuniano nos introduce en la realidad de una historia de amor y muerte con personajes desorientados entre diversas trayectorias. Desde el enamoramiento («aquellas ansiosas miradas que les enderezaba Ramiro a Rosa y no a su hermana Gertrudis»), la unión entre Rosa y Tula («formaban las dos hermanas una pareja indisoluble y como de un solo valor»), o sus personalidades opuestas y complementarias («Rosa, flor de carne, abierta al goce. Gertrudis, los ojos tenaces, los que ponían en raya. Cofre cerrado que se adivina delicias secretas»), pasando por las relaciones de Rosa y Ramiro («que empezó a cuajar la soledad de Gertrudis»), su monotonía («corrían los días todos iguales»), la boda, los hijos, hasta llegar a la decidida determinación de Tula tras la muerte de su hermana («y ahora, Ramiro, a cuidar de éstos»).

Y el resultado cinematográfico propuesto por Picazo:

> [...] transcurre mayoritariamente en la casa, en una acción casi claustrofóbica. Su escenografía y atrezzo (pasillos, muebles, objetos) son utilizados no como elementos decorativos sino como instrumentos para ofrecer una autenticidad ambiental rodada en estudio, sorprendió por su gran calidad lumínica en la simulación de ventanas y huecos. Los exteriores, (paseos por calles y salidas al campo), son funcionales, acompañando la cámara a los personajes en movimientos subjetivos o bien utilizando encuadres fijos cuando la fuerza del diálogo así lo requiere: ejemplo de ello, la confesión

de Tula en una secuencia repleta de palabras entrecruzadas entre ella y el cura, con un *tempo* que regula en justa medida rítmica la situación anímica de los personajes.

Azorín: "La guerrilla"

La atención de Azorín para con el cine no se limita a lo que hemos denominado su "pasión de senectud" consistente en haberse convertido, septuagenario ya, en ávido espectador, cuando su obra literaria estaba finalizada, y haber dado a la luz los libros *El efímero cine* (1953) y *El cine y el momento* (1955) junto a variados artículos relativos a temas cinematográficos. Por el contrario, conviene destacar su actitud, en la década de los veinte, ante un cinematógrafo que debe ser imprescindible fecundador del teatro.

En efecto, los artículos de Azorín publicados en 1927 y 1928 y el nuevo rumbo de su novelística representado en *Superrealismo,* permiten comprobar que, en el final del cine mudo, concibe a éste como un arte autónomo y apuesta por el pleno desarrollo de su esencialidad. La habitual vinculación del escritor con la cultura francesa parece indicar que su punto de mira se orienta hacia los posicionamientos vanguardistas, es decir hacia una cine "no narrativo" que se libere de su habitual capacidad de reproducción técnica con una "fábula de novela o comedia" y se capacite para la reproducción artística. Azorín se alinea pues en los terrenos de la denominada "primera vanguardia" francesa donde, esquematizando las intenciones, señalaremos que se busca la pureza de la imagen en detrimento de anécdota y argumento a fin de lograr la independencia del arte.

Al igual que se dirá de la obra de Valle, la crítica señaló inmediatamente que la novelística azoriniana, especialmente

Félix Vargas y *Superrealismo* (subtituladas por el autor *Etopeya* y *Prenovela*) rezumaban modos expresivos relacionados con las técnicas cinematográficas. Del mismo modo, la producción dramática del escritor encuentra sus modelos en autores como Maeterlinck y Pirandello, Cocteau y Meyerhold, Pitoeff y Baty, Lenormand y Giraudoux, Evreinoff y Pellerin, etc. Azorín, como aquéllos, y, en ocasiones, como su imitador, transgredió los valores usuales otorgados al diálogo por la dramaturgia tradicional y propugnó una compatibilidad sin límites de éste con el resto de los integrantes escénicos, de manera que decoración y recitado, luminotecnia e intépretes, junto a otros factores, funcionaran estructuralmente en beneficio de la máxima expresividad.

El dramaturgo propugnó una renovación escénica desarrollada paralelamente al movimiento surrealista y al auge del cinema mudo; según estima el propio autor, uno y otro debieran tenerse presentes a fin de impulsar una eficaz renovación dramática. Con evidente contundencia verbal, recriminó, en 1927, a actores y empresarios, señalándoles que el teatro perecería si no se actualizaba y, en consecuencia, nada mejor que dar entrada en él tanto al subconsciente como al cinematógrafo.

La guerrilla fue estrenada en 1936; su epílogo, en claro contraste estilístico con los demás actos, se plantea como la acción, lugar y situación donde se cumple la imposible felicidad de Etienne y Pepa María porque la guerra ha separado y roto lo que el amor estaba dispuesto a unir. El ambiente de irrealidad y de suave contraste con el odio, el rencor y la muerte de los actos precedentes no pudo mostrarse al espectador. En efecto, la desnudez y blancura ambiental, el contraste de la "tenue luz rojiza", la simplicidad de líneas de las figuras masculina y femenina, el lejano sonido de la sirena de un barco, parecían elementos adecuados para presentar un final contrastado a los desarrollados en anteriores actos. Sin embargo, los deseos del autor no pudieron cumplirse al no poder ofrecerse el espíritu de irrealidad y abstracción. Y es que la llamada al subconsciente, solicitada por el autor al espectador, no parecía conseguirse con los habituales procedimientos dramáticos. Al comentar *La guerrilla* hemos señalado que:

> [...] el epílogo de la obra dramática tiene específica y sutil representación cinematográfica; tras el apasionado encuentro de Etienne y Pepa María, en el dormitorio de ésta, un plano del exterior muestra la silueta del pueblo y la montaña recortándose sobre un fondo de claras tonalidades; el mismo plano se repite, fusilado ya el francés y en retirada los guerrilleros españoles, antes de que aparezca la palabra "fin" sobre grabado goyesco. La fotografía de ese amanecer, plástica combinada y antitética de tierra oscura y cielo claro, simboliza, de modo un tanto sui géneris, los deseos azorinianos de presentar un amor capaz de unir lo que la guerra separa.

Y sobre el tratamiento cinematográfico que guionistas y director han utilizado estimamos que:

> En nuestra obra, por más que Azorín titule a su drama *La guerrilla,* las implicaciones históricas de las partidas en el contexto de la revolución antifrancesa no tienen existencia en el original; ni siquiera el personaje de El Cabrero se hace presente hasta iniciado el tercer acto. Por el contrario, Rafael Gil explicita al espectador, mediante el diálogo de personajes, el funcionamiento, la procedencia, la composición, la ideología, etc, de la guerrilla, y, al tiempo, anticipa el personaje y las acciones de El Cabrero (Francisco Rabal) a los inicios del filme; además, amplía los grupos guerrilleros con las partidas de El Cura Medina (Luis Induni) y El Tuerto (Eduardo Calvo); con ello se aproxima a las versiones de la *españolada,* en sus variantes de bandoleros y guerrilleros, trenzado con la modalidad histórico-patriótica donde la Guerra de la Independencia es el eje sobre el que se inscribe la acción popular.

Valle Inclán: "Beatriz" y "Luces de bohemia"

Ramon Mª del Valle Inclán, teorizante del cinema en la revista *El bufón* (1924) y actor en *La malcasada* (1926), de Francisco Gómez Hidalgo, declaraba a la revista *Luz* en 1933 (23 de noviembre):

> [...] habrá que hacer un teatro sin relatos; ni únicos decorados; que siga el ejemplo del cine actual, que, sin palabras y sin tono, únicamente valiéndose del dinamismo y la variedad de imágenes, de escenarios, ha sabido triunfar en todo el mundo.

Sintéticamente queda reflejado aquí cuanto venía aplicando a su obra narrativa y dramática.

Sumner M. Greenfield ha observado que en las primeras obras del escritor ya se daban resoluciones de acciones teatrales con técnica cinematográfica; movimientos, ambientación, acotaciones nos aproximan a los métodos usados por el nuevo espectáculo. También Emma Speratti ha señalado que es el propio dramaturgo quien nos ha indicado de dónde tomó la gesticulación de los esperpentos: «El revólver romántico que de soltero llevaba Julepe... Ahora lo empuña con gozo y rabia de peliculero melodramático», dice en *La rosa de papel* y Antonio Risco opina que produce en «el lector una impresión más bien cinematográfica [...] y sugiere más la proyección de una película que una representación teatral».

Del mismo modo, la visión cinematográfica de *Sonatas* y *Luces de bohemia* ha sido analizada por Zamora Vicente para quien son precisamente las artes plásticas el medio utilizado capaz de mostrar nuevas actitudes en las características del mundo del siglo XX, y entre ellas «es el cine el gran introductor en la conciencia actual de este sentido de la discontinuidad, del azar, de lo fragmentario». Toda la gesticulación y aspavientos que se dan en este esperpento remiten inmediatamente al cine primerizo; «las películas rancias...

logran tangible corporeidad en las páginas del esperpento». Zamora ratifica una y otra vez que «Luces de Bohemia está traspasada de cine». Por su parte, José F. Montesinos ha señalado también estos valores cinematográficos en *Tirano Banderas*. Y escribe: «Como buen romántico, Valle no creyó nunca en la fijeza de los géneros literarios, y la estructura de la novela es más bien dramática, o digamos, cinemática». La paradoja de esta escritura preñada de rasgos cinematográficos radica en que su autor no ha tenido una filmografía acorde con sus planteamientos; la tardanza cronológica de la adaptación respecto de la publicación y los discutibles resultados en la pantalla, evidencian una cierta "intratabilidad" que los cineastas no han ocultado.

En opinión de Virginia Guarinos, en *Beatriz* el planteamiento narrativo:

> [...] sirvió para poder realizar una concentración visual en elementos de la puesta en escena de gran carga simbólica. Como no podía ser menos, el gato, el lobo, el bosque, los personajes desharrapados, el muñeco vestido de monje, la vegetación del pazo, la oreja cortada, los rosarios, los ojos felinos de Nadiuska, sobresalen de la pantalla en múltiples ocasiones, realzando el valor de los elementos relacionados con el hechizo y los conjuros. Y sin embargo, la puesta en escena valleinclanesca ha sido desaprovechada. Elementos macabros y eróticos sustituyen la belleza del salón y los muebles descritos por Valle, o del rosario de cuentas del Monte Olivetto, o de otros elementos que el autor literario incluye como referentes claros de literatura infantil.

Mientras que sobre *Luces de bohemia*, Ana Recio defiende la puesta a punto de un guión que:

> [...] ha intentado innovar algo la obra procurando no salirse de los márgenes de la fidelidad al texto dramático, invirtiendo el orden de este último y haciendo hincapié en lo trágico: parte de la muerte del protagonista, mientras lo velan Madame Collet y Claudinita y llega don Latino, para, a continuación, presentar el entierro –con la aparición del propio Valle y Rubén– y la secuencia de la taberna

a la que se agrega una nueva, la desarrollada en el despacho del
periodista; tras esto, el texto cinematográfico retorna la escena
primera de la obra dramática, reconstruyendo así el pasado de Max.
A pesar del relieve que se le da a la tragedia en las primeras
secuencias de la película, ésta pierde fuerza dramática y resta
intensidad a la desdicha del protagonista ya que la muerte no se
presenta como resultado final del amargo devenir del poeta
modernista.

CODA

Un balance general de los escritores del 98 en su peculiar
relación con el cine, permite comprobar, que, en conjunto,
actuaron como *cinematófobos* y *cinematófilos* a la hora de
enjuiciar y pronunciarse sobre un nuevo espectáculo que
buscaba legitimidad artística.

A pesar de ser una generación, que, según Julián Marías,
no dispuso de un sistema perceptivo procinematográfico, el
cinematógrafo fecundó como referente su literatura, incorporó
a ciertas obras las técnicas narrativas y expresivas y,
tardíamente, aportó un personal ensayo literario-
cinematográfico representado por los títulos azorinianos *El
cine y el momento* (1953) y *El efímero cine* (1955).

A su vez, la cinematografía española demostró bastante
pereza a la hora de convertir las obras de los modernistas/
noventayochistas en piezas cinematográficas; con la excepción
de Pío Baroja, la mayoría de los autores no tuvieron
oportunidad de ver sus criaturas literarias en el "lienzo de
plata". De los escritores mencionados en esta monografía, el
balance de filmes de producción española es como sigue:
Azorín: *La guerrilla* (1973, Rafael Gil), Pío Baroja: *Zalacaín
el aventurero* (1929, Francisco Camacho), *Las inquietudes de
Shanti Andía* (1946, Arturo Ruiz Castillo), *Zalacaín el
aventurero* (1954, Juan de Orduña), *La busca* (1964, Angelino
Fons), Ricardo Baroja: *La nao Capitana* (1947, Florián Rey),

Manuel y Antonio Machado: *La Lola se va a los puertos* (1947, Juan de Orduña), *La duquesa de Benamejí* (1949, Luis Lucia), *La laguna negra* (1952, Arturo Ruiz Castillo), *La Lola se va a los puertos* (1993, Josefina Molina), Miguel de Unamuno: *Abel Sánchez* (1946, Carlos Serrano de Osma), *Acto de posesión* (1977, Javier Aguirre), *La tía Tula* (1964, Miguel Picazo), *Nada menos que todo un hombre* (1971, Rafael Gil), *Las cuatro novias de Augusto Pérez* (1975, José Jara), Ramón Mª del Valle Inclán: *Sonatas* (1958, Juan A. Bardem), *Flor de santidad* (1972, Adolfo Marsillach), *Beatriz* (1976, Gonzalo Suárez), *Luces de bohemia* (1985, Miguel Ángel Trujillo), *Divinas palabras* (1987, José Luis García Sánchez) y *Tirano Banderas* (1993, José Luis García Sánchez).

Por otra parte, los procedimientos propios de la novelística y de la dramaturgia, caracterizadores de la modernidad literaria, no han tenido su adecuado correlato fílmico; en conjunto, la filmografía noventayochista no puede codearse con la bibliografía homónima; sin embargo, ello no impide evidenciar rasgos significativos de una expresión genuinamente cinematográfica a la hora de estructurar un guión o de efectuar una muy adecuada puesta en escena.

***

Para un mayor desarrollo de este apartado puede consultarse:

GÓMEZ MESA, L., *La Literatura española en el Cine nacional* (Madrid 1978).
GÓMEZ VILCHES, J., *Cine y Literatura. Diccionario de adaptaciones de la Literatura Española* (Málaga 1998).
MONCHO AGUIRRE, J. M., *La adaptación literaria en el Cine Español* (Valencia 1986).
MORRIS, C.B., *La acogedora oscuridad. El cine y los escritores españoles...* (Córdoba 1993).
PÉREZ BOWIE, J.A., *Materiales para un sueño. En torno a la recepción del cine en España.1896-1936* (Salamanca 1996).
QUESADA, L., *La novela española y el cine* (Madrid 1986).
UTRERA, R., *Modernismo y 98 frente a Cinematógrafo* (Sevilla 1981).
    ---*Escritores y Cinema en España: un acercamiento histórico* (Madrid 1985).

LA NAO CAPITANA
de Florián Rey

por
Antonio Checa

Antonio Checa (Jaén, 1946) es Doctor en Ciencias de la Información, ensayista y profesor universitario. Ha dirigido diarios y revistas como *Huelva Información*, *Diario de Granada* y *El Adelanto* (Salamanca), *Andalucía actualidad* y, desde 1996, *Andalucía Económica*. Como ensayista se ha dedicado preferentemente a la historia de la comunicación: *Historia de la Prensa andaluza* (Sevilla 1991), *Prensa y partidos políticos durante la Segunda República* (Salamanca 1989), *Historia de la Prensa Jiennense* (Jaén 1983) o *Historia de la Prensa en Iberoamérica* (Sevilla 1993) y aspectos relacionados con la cultura y la economía andaluzas: *Las elecciones de 1977 en Andalucía* (Granada 1978), *Andalucía después del 92* (Málaga, 1994). Desde el curso 1993-1994 es profesor de la Facultad de Ciencias de la Información de la Universidad de Sevilla y orienta sus investigaciones hacia el mundo de la comunicación audiovisual, en especial cine y radio (su tesis doctoral es una *Historia de la radio en Andalucía, 1917-1978*). Tiene en su haber diversos premios periodísticos y los Angel Ganivet (Universidad de Granada) y Blas Infante (Fundación Blas Infante), de ensayo. Es fundador y directivo de la Asociación para el Progreso de la Comunicación, APC.

LA NAO CAPITANA (1947)
DE FLORIÁN REY

Argumento

La Capitana, orgullo de la Armada española, parte hacia
América del Sur desde el puerto de Sevilla con el capitán Diego
Ruiz a su frente y con el piloto Martín Villalba de hombre de
confianza. Además de una tripulación curtida, que no teme
enfrentarse a piratas, lleva un pasaje heterogéneo: incluye dos
decenas de presidiarios –galeotes–, que quieren iniciar una
nueva vida al otro lado del Atlántico, agricultores y artesanos
de distintas regiones de España deseosos de establecerse con
su familia en el Nuevo Mundo, algún maestro de esgrima,
algún pícaro ex-estudiante, sacerdotes e incluso nobles como
Don Antonio Fernández de Sigüenza, quien viaja con su
segunda esposa, Doña Estrella, y sus dos hijas casaderas, Doña
Trinidad y Doña Leonor. También va a viajar un inesperado
polizón, un morisco, *el fugitivo*, que la noche anterior a la
partida ha dado muerte a dos personas en el Barrio de Santa
Cruz.

La travesía no va a estar exenta de incidentes. El intruso
será pronto descubierto y castigado; también lo será el marinero
responsable con el descuido de su presencia a bordo; pronto
estallará una epidemia de peste (que pone a prueba la disciplina

interna) y alguna tormenta. Se vivirá, con animación, bailes y cánticos el paso del Ecuador. No faltará de inmediato una batalla con los piratas de un barco inglés, que tras el cañoneo será hundido, aunque en la lid perderán la vida, entre otros, el timonel de la Capitana y doña Estrella.

El morisco, cumplido el periodo de reclusión, no dejará de ocasionar problemas. Tras dar muerte a don Antonio y echar su cadáver al mar, intenta sin éxito un motín en la nave, por el cual será juzgado y condenado a muerte. El juicio permitirá asimismo descubrir su historia: es un musulmán renegado que ama a Doña Estrella, otra ex morisca, y odia la religión cristiana, pero que al final se convertirá al catolicismo. Superados esos problemas, la Capitana, con una tripulación exultante al avistar tierra, arriba a América. Don Diego, el capitán, ama a la alegre Doña Trinidad y es correspondido por ella.

Comentario

Ricardo Baroja Nessi (Minas de Riotinto, 1873-Vera de Bidasoa, 1953), hermano de Pío, es un miembro secundario de la Generación del 98, sobre la que aporta un sugestivo volumen de memorias, *Gente del 98*, aparecido en 1952, poco antes de su muerte; pese a ello es mucho más pintor, y sobre todo grabador, que escritor. A la literatura, vocación tardía, pues su primera obra data de 1919 (*De tobillera a 'cocote'. Novela no moral*), se acerca decididamente, tras perder un ojo en un accidente, en 1931; fruto de esa dedicación son varias novelas, todas muy livianas, entre ellas *La nao Capitana*, que publica en 1935.[1]

Se trata de una novela de aventuras ambientada en la España

---

[1] *La nao Capitana. Cuento español del mar antiguo.* (Madrid 1935). Dibujos del autor. No hay ediciones posteriores en la Biblioteca Nacional, lo que me lleva a pensar que no conoció reedición.

del siglo XVII, volcada en la carrera de las Indias, que tiene
mínimo éxito cuando se publica, explicable por sus escasos
méritos literarios, aunque paradójicamente obtiene el Premio
Nacional de Literatura de 1935, pero que doce años después
de editada, en la España de la posguerra, va a interesar al cine
como vehículo de exaltación del descubrimiento y
colonización de América. La propia estructura de la novela,
con abundante diálogo y descripciones rápidas, favorece
también, en principio, su traslado a la pantalla. Estamos, en
cualquier caso, ante un relato bastante al margen de lo que
representa la generación del 98, con independencia de valores
literarios. No parece tener otro objetivo que una narración
entrenida, de ahí también la presentación puramente tópica
de lo que supone el Descubrimiento, aunque precisamente
sean esos tópicos los que interesan a la productora y le sirven
de apoyo a la hora de pedir subvenciones oficiales.

Los avatares anteriores al rodaje, con la quiebra de una
primera productora, van a influir de forma decisiva en la
película, que nacerá lastrada por dificultades económicas. Esos
problemas llevan a un rodaje prácticamente íntegro en
interiores –en los estudios CEA–, lo cual, para una historia
que transcurre en buena parte en alta mar, no deja de ser
contradictorio.[2]

El primer proyecto del film data de finales de 1945. Enrique
Ballesteros Valcárcel, productor barcelonés, y Antonio
Cánovas, montador, solicitan a la Dirección General de
Cinematografía y Teatro el permiso para rodar la película, que
tiene un presupuesto inicial de 2.600.000 Pta., claramente por
encima del promedio español de la época –que es en 1946 de
1.400.000 Pta. por película–. El guión que se presenta a

---

[2] Sobre los avatares de la autorización y el rodaje de esta película así como el eco
crítico a la misma, pueden consultarse los expedientes 133-46-R y 6.990, en
los archivos de la Secretaría de Estado para la Cultura, en Madrid.

censura ha sido realizado por Manuel Tamayo Castro. Ballesteros, director del film, se responsabiliza igualmente de la ambientación y propone como ayudante a un joven Francisco de Asís Rovira Beleta.

Esa censura, aunque da la autorización, ya en 1946, pone sus reparos y condiciones de inmediato. «Considero difícil – dice uno de sus miembros, Francisco Cortés– su realización si se pretende lograr una buena película, ya que toda ella se desarrolla en una nave con sus correspondientes escenas de tempestad, lucha con piratas, etc.» y, de camino, exige: «el beso a que se alude en el plano 364 no ha de ser en la boca». Se justifican recelos: «el motivo de la conversión del personaje llamado El Fugitivo resulta poco adecuado y convincente. El Fugitivo no parece convertirse por virtud de la Gracia Divina, sino por el deseo de unirse en el otro mundo con la persona amada».

Los censores exigen, por cierto, un asesor moral a los productores, que efectivamente lo incluirán, y como tal figura en los títulos de crédito Juan Figuerola.

Pero los productores catalanes no pueden desarrollar su proyecto, la productora entra en fase de disolución y los derechos de rodaje van a ser adquiridos por Productora Florián Rey, ésta, a su vez, los venderá a Suevia Films, que finalmente –5 de agosto– asume la producción de la película, aunque Florián Rey se reservará la dirección del film, cuyo rodaje como queda dicho inicia un mes justo después.

El coste total de *La nao Capitana* fue de 2.159.390 PTA. Florián Rey cobró por la realización 175.000 PTA, lo que puede considerarse buena retribución para la época,[3] sobre todo si se comparan con las 80.000 percibidas por José Nieto y las 75.000

---

[3] Es curioso el contraste de los presupuestos iniciales con los que finalmente se ejecutaron. Los iniciales contemplaban 90.000 PTA. como retribución del director, además de 600.000 PTA. para decorados, cifra que fue asimismo muy reducida en los presupuestos definitivos.

de Manuel Luna, protagonistas masculinos, o las 42.000 de Paola Bárbara, protagonista femenina, y no digamos las 42.000 del operador jefe o las 15.000 del guionista. El rodaje se desarrolló entre el 5 de septiembre y el 29 de diciembre de 1946 en los aludidos estudios CEA, en la Ciudad Lineal madrileña.

La nao Capitana obtuvo la categoría primera, lo que en el sistema de la época le permitió a la productora obtener cuatro permisos de doblaje –entre las cuatro películas, por cierto, se incluyen *Cinco tumbas al Cairo*, de Billy Wilder, y *Vida íntima de Julia Norris*, de Mitchell Leisen–. Ninguna escena fue suprimida por la censura; se realizaron 15 copias y fue autorizada para la exportación, aunque no declarada de interés nacional, como sus productores y el propio director deseaban. Los censores negaron "valores patrióticos" a la producción. Uno de ellos, Fray Mauricio de Begoña, escribirá textualmente "su mismo tema no es el más apropiado para un verdadero enaltecimiento de lo nacional" y otro, Fray Constancio de Aldeaseca, lamenta las "infames maquetas de barcos" de las escenas de lucha contra piratas en alta mar.[4] Pese a ello *La nao Capitana* tuvo una larga vida en los cines españoles y todavía en 1956, nueve años después de su estreno, era prohibida su proyección en un pueblo de Albacete, El Bonillo, un 25 de febrero, en una curiosa muestra de censura local, pues el delegado de Información y Turismo desautoriza al parecer esa proyección por estimar que la película denigra la colonización de América.

Pese a las facilidades otorgadas a priori por la novela para su adaptación cinematográfica y a que el realizador, Florián Rey, es guionista de muchas de sus películas, no es precisamente el guión un elemento a destacar en *La nao Capitana*. El guionista es Manuel Tamayo Castro (Madrid

---

[4] Véanse expedientes antes citados.

1917-1977), uno de los más prolíficos del cine español en estos años, autor de más de ochenta guiones cinematográficos desde 1941 hasta prácticamente su muerte –con éxitos populares como *Locura de Amor* o *¿Dónde vas Alfonso XII?*– y que por los mismos meses en que redacta este guión prepara su primera película, *Leyenda de Navidad* (1947). Una primera parte, donde se describen los tipos que van a navegar en la nao, prolija y especialmente tópica, resta metraje a las secuencias de navegación, pero cumple el objetivo ideológico, bien presente en las palabras del capitán de la nave y sus interlocutores religiosos: España integra lenguas –"un mismo idioma y un mismo sentir"–, como un milagro contrario a la babel bíblica.

El guión acentúa algunos rasgos livianamente descritos en la novela. El poder de la Iglesia, por ejemplo, en la influyente persona de Fray José, claro poder en la sombra durante toda la travesía, encarnado además por persona de tan significado franquismo como Fernando Fernández de Córdoba, el locutor del último parte de la guerra civil. Pero, sobre todo, el papel hegemónico y aglutinador de Castilla entre las tierras de España: "sus hombres han nacido para gobernar pueblos. En cuanto ella habla todas las regiones escuchan", dirá el engolado capitán Diego Ruiz en la fiesta del paso del Ecuador, reflejando sin duda el propio pensamiento del director de la película.[5]

Florián Rey, que acoge con interés la propuesta de realización, ha rodado ya para Suevia Films películas como *Polizón a bordo* (1941), donde debuta como guionista Tamayo, e impone un equipo de colaboradores muy afín, que incluye a su hermano Rafael como director musical[6] o actores habituales

---

[5] Véase Sánchez Vidal, A., *El cine de Florián Rey* (Zaragoza 1991).
[6] Recuérdese que el nombre auténtico de Florián Rey es Antonio Martínez del Castillo. Rafael ya había dirigido algún corto, como *No te mires en el río* (1941), con guión de Rafael de León, sobre el tema de la popular canción del mismo título.

en su cinematografía como José Nieto. Pero Rey está ya en una clara fase de decadencia como realizador y *La nao Capitana* es muestra de ello. Aunque la excelente fotografía e iluminación del tándem Berenguer-Mariné, probablemente lo mejor del film,[7] palía la clara teatralización impuesta por Rey, ésta domina la narración y le resta ritmo, algo imperdonable en una película de aventuras –aun con su tamiz ideológico– como quiere ser ésta y en un director que tan buen sentido de lo popular ha mostrado en largometrajes como *Morena Clara* o *Nobleza baturra*. Tampoco el anodino montaje ayuda a dotar de vigor y credibilidad a la narración.[8]

No siendo precisamente una película de metraje muy largo, incluye secuencias premiosas y carece de agilidad allí donde el guión la exige: batalla naval y motín, sobre todo.

La película se rueda en una España definida de puertas adentro por el hambre, el bloqueo internacional y el maquis, y en lo cinematográfico por el apogeo del cine seudo histórico y de cartón-piedra. En 1946 se produjeron 38 filmes; en 1947 se alcanzan los 59. Pocos meses antes que *La nao Capitana*, en febrero, se ha estrenado *Héroes del 95*, de Raúl Alfonso, que en la línea de *Los últimos de Filipinas* exalta los años postreros de la presencia colonial española en América y Asia, con visión ciertamente muy distinta de la dominante entre la generación noventayochista. El paisaje cinematográfico

---

[7] El alicantino Manuel Berenguer Bernabéu es sin duda uno de los mejores directores de fotografía españoles de estos años. Viene siendo director de fotografía desde 1941, aunque sus mejores trabajos llegarán en la década siguiente. Por las mismas fechas en que se rueda *La nao Capitana* es también director de fotografía de *Nada*, de Edgar Neville, y *Las inquietudes de Shanti Andía*, de Arturo Ruiz-Castillo. El barcelonés Juan Mariné, por su parte, ayudante de fotografía en la posguerra, da precisamente en 1947 su salto a director de fotografía. Puede verse Llinás, F., *Directores de fotografía del cine español* (Madrid 1989).

[8] Florián Rey propuso inicialmente como montadora a Sara Ontañón, que durante la guerra civil había montado algunas películas para la CNT, persona vinculada a la familia Ballesteros, pero finalmente el montaje será realizado por Bienvenida Sanz, sin acierto.

español, imposibilitado de realismo, lo definen títulos seudohistóricos como *Reina Santa*, coproducción hispano-portuguesa, *Locura de amor* o *El tambor del Bruch*. Entre ellos, sin alharacas ni lanzamientos, asoman tímidamente producciones de cierta dignidad. Será el caso de *Abel Sánchez*, de Carlos Serrano de Osma, con argumento basado en la dura novela del mismo título de Miguel de Unamuno, destacado miembro del 98. Dos meses antes del estreno de *La nao Capitana* inicia sus actividades el Instituto de Investigaciones y Experiencias Cinematográficas, con Serrano de Osma de profesor de dirección, institución llamada a abrir una nueva etapa, en los sesenta, en el cine español.

Rey, que todavía con *Orosia* (1943), ambientada en el Pirineo aragonés, mostraba capacidad para acercarse a lo popular con autenticidad, realiza con *La nao Capitana* uno de sus peores trabajos como director. A las limitaciones y apremios de presupuesto, guión y montaje se añade una realización desprovista de creatividad o ingenio. La narración carece de fluidez, avanza a saltos, nada parece creíble y, como el decorado –hasta la Torre del Oro sevillana aparece pintada en la película–, los personajes parecen de cartón.[9] La belleza plástica, el lirismo o la intensidad dramática de sus mejores filmes está ausente. El propio final llega atropellado. Diez años después de rodar *La nao Capitana*, Rey –que no ha conocido en esa década ningún auténtico éxito de crítica o público y se ha entregado a un folklorismo almibarado– abandona el cine y pone un restaurante en Benidorm.

Burmann coopera en la ambientación con algunos buenos decorados, pero no puede tampoco impedir la monotonía de

---

[9] Señala con acierto Sánchez Vidal, que «*La nao Capitana* terminó siendo un filme de decorado, dependiendo en exceso de la cuidada tramoya de Sigfrido Burman». Véase Sánchez Vidal, A., *obra citada*, así como Gorostiza, J., *Directores artísticos del cine español* (Madrid 1997) y Soria, F., *Juan Mariné, un explorador de la imagen* (Murcia 1991).

escenarios muy repetidos ni el penoso espectáculo de una batalla naval nocturna en alta mar resuelta con modestas, casi pueriles maquetas y varios fogonazos. Alguna escena de masas, la fiesta por el paso del Ecuador, por ejemplo, alivia en parte el discurrir del film, pero la música, las canciones, no consiguen aportar el tono casi épico que se le demanda.

Aunque en los estudios madrileños se construyeron unos decorados enormes, sin precedentes hasta el momento en el cine español, con toda la nave, se incorporaron novedades como techos completos y se acompañó de una excelente y trabajada iluminación, (algo oscura no obstante en algunas secuencias iniciales) esos elementos no pueden salvar ni un guión tosco ni una realización sin ingenio.

La interpretación, además, se contagia de la afectación general del film. No será precisamente el mejor trabajo de José Nieto, muy envarado, y que inicia en estos años una decadencia que le privará paulatinamente de papeles destacados. La principal figura femenina –los personajes femeninos están especialmente mal dibujados–, la italiana Paola Bárbara, apenas tendrá eco posterior en el cine español, aunque realiza en 1948 *Tres espejos*, de Ladislao Vajda, y prácticamente desaparece tras *El sótano*, curioso filme de 1950. Mejor desde luego se muestran el sevillano Manuel Luna, en su mejor coyuntura como actor especializado en papeles de malvado, y Jorge Mistral, que inicia su ascenso como galán del cine en España y México. Según suele ocurrir, las mejores interpretaciones corren a cargo de algunos secundarios, como Jesús Tordesillas.

La crítica, aun la benevolente crítica de los diarios españoles de los años cuarenta, fue dura con esta película, quizá porque había levantado expectativas que quedaron defraudadas. No fue en consecuencia ningún éxito de taquilla –tres días en cartelera en Burgos, seis en Pamplona, una de sus mejores taquillas, pero muy poco para la época– y de ahí también que la productora insistiese, infructuosamente, en obtener las aludidas ayudas oficiales, so pretexto de su patriotismo, que no le llegarán.[10]

El híbrido que es *La nao Capitana* hace agua por todas partes. Carece de verdadera estructura como película de aventuras y la ideología "americanista" (las regiones españolas con su rica variedad se unen en la tarea de colonizar y evangelizar América) aparece en exceso forzada. Un crítico lamentará, según la película, que España sólo lleve a América a galeotes y delincuentes.[11]

La solemnidad de algún momento suena a grandilocuencia y la ambición se ve limitada por la torpeza técnica. El cartón piedra o la lona embadurnada se perciben en demasía.

No tendrá suerte con el cine Ricardo Baroja, al contrario que su hermano (*La Busca, Las inquietudes de Shanti Andía, Zalacaín el aventurero*). Tras el fiasco de *La nao Capitana*, ninguna otra de sus novelas u obras teatrales asomará a la pantalla. Incluso su versión de *El Dorado* (1942), interesará a los cineastas bastante menos que otras, mucho más incisivas

---

[10] Resultan especialmente ilustrativas las críticas cinematográficas que se conservan en el expediente ministerial de la película antes citado. Los comentarios internos que remiten los delegados provinciales de Educación Nacional – ministerio del que depende la cinematografía española en 1947– son por lo general mucho más duros con el film que los de los periódicos locales respectivos que, salvo alguna excepción, salvan siempre la película, sin que falten incluso algunas reseñas entusiastas. Los delegados reflejan la expectación defraudada y lamentan la modestia de los medios desplegados, los críticos locales enaltecen el patriotismo del film.

[11] Pocos meses después del estreno de la película, ya en 1948, se celebra en Madrid el Certamen de Cine Hispanoamericano y se crea una Unión Cinematográfica Hispanoamericana. Es un momento de máximo interés en el cine español por los mercados de Iberoamérica, incluido un México hostil al régimen de Franco, recordemos *Jalisco canta en Sevilla*, 1948. No obstante, como subraya un autor, no abunda el cine español de estos años en temas americanistas, pese al interés oficial. Véase RAFAEL DE ESPAÑA, "El camino de Indias. Una perspectiva franquista (*La nao Capitana* de Florián Rey)", en *De Dalí a Hitchcock. Los caminos del cine.* Actas del Congreso de la AEHC. Xunta de Galicia (Santiago 1995).

y desoladas, como *La Aventura equinoccial de Lope de Aguirre*, de Ramón J. Sender.

Si la novela ofrece escaso espíritu noventayochista, el guión y la realización de *La nao Capitana* acaban por situar el relato en las antípodas de la visión de España de esa generación. La película recorre los pueblos de España medio siglo justo después del Desastre sin que los avatares de ese denso medio siglo hayan hecho mella y modificado tópicos. Otro medio siglo después, cuando se cumplen los cien años de la pérdida de los últimos territorios americanos, *La nao Capitana* no puede ser vista sino como una curiosidad, a lo sumo como una oportunidad perdida para un acercamiento digno a una de las etapas más relevantes de la historia de España, pero por ello mismo especialmente necesitada de una visión equilibrada

FICHA TÉCNICO-ARTÍSTICA

Producción: Suevia Films/Cesáreo González. 1946.
Metraje: 2.880 metros.
Duración: 91 minutos.
Dirección: Florián Rey.
Guión: Manuel Tamayo Castro.
Operador jefe: Manuel Berenguer.
Cámara: Juan Mariné.
Ayudante: Jesús Rosellón.
Foto fija: F. Orlas.
Montaje: Bienvenida Sanz.
Laboratorios: Madrid Films.
Dirección musical: Rafael Martínez.
Música y canciones: Conrado del Campo, G. Martínez del Castillo.
Orquesta Sinfónica de Madrid.
Técnico de sonido: Ramón Arnal.
Escenografía: Sigfredo Burmann.
Decorados: Canet Cubet.
Coreografía: Pagán y Adriani.
Sastrería: Peris Hnos.
Maquillaje: Pujol.
Ayudante de producción: Ángel Rosson.
Ayudante de dirección: Fernando Palacios.
Asesor moral: Juan Figuerola.

Ingeniero director: L. Lucas de la Peña.
Estudios: CEA.
Estreno: Madrid, cine Gran Vía, 29 de septiembre de 1947.
Intérpretes:
José Nieto (*capitán Diego Ruiz*).
Manuel Luna (*el fugitivo*).
Jorge Mistral (*piloto Martín Villalba*).
Paola Bárbara (*doña Estrella*).
Raquel Rodrigo (*doña Leonor*).
Dolores Valcárcel (*doña Trinidad*).
Fernando Fernández de Córdoba (*Fray José*).
Jesús Tordesillas (*D. Antonio*).
Rafael Calvo (*Fray Gutiérrez*).
Nati Mistral (*cantante en el paso del ecuador*).
Manuel Requena (*profesor de esgrima*).
José María Lado (*maestre Barrios*).
Manuel Vicenta.
Nicolás Díaz Perchicot.
José Jaspe.
José Prada.

LA DUQUESA DE BENAMEJÍ
de LUIS LUCIA

por
INMACULADA GORDILLO

INMACULADA GORDILLO es doctora en Ciencias de la Información y profesora de la Facultad de Ciencias de la Información de la Universidad de Sevilla desde 1989. Ha participado en congresos nacionales e internacionales con ponencias sobre diversos aspectos del discurso fílmico y televisivo (narrativa, análisis, historia, etc.). Es autora del libro *Nada, una novela, una película* (Sevilla 1992), II Premio de Investigación Cinematográfica, otorgado por la Asociación Cine/Historia en mayo de 1993. Co-autora de volúmenes como *La publicidad institucional en televisión* (Sevilla 1994), *Comunicación y espectáculo* (Sevilla 1994), *Miradas de mujer. Ensayos cinematográficos* (Sevilla 1996), *Imágenes cinematográficas de Sevilla* (Sevilla 1997). Autora de artículos en revistas de comunicación, espectáculo, cine y televisión. Ha trabajado en Canal Sur TV como asesora y guionista del programa informativo cultural *Indicios*. Desde 1999 es Presidenta de la Asociación de escritores cinematográficos de Andalucía (ASECAN).

LA DUQUESA DE BENAMEJÍ (1949)
DE LUIS LUCIA

Argumento

Lorenzo Gallardo es un valiente bandolero que, con su cuadrilla, se refugia en algún lugar de Sierra Morena y siembra el pavor en caminos y ciudades. Su figura raya en la leyenda: es joven, apuesto, inteligente y valeroso por lo que, además de miedo, despierta curiosidad y admiración.

Un día, la cuadrilla de bandoleros, con Lorenzo al frente, ataca a una diligencia y rapta a Reyes de la Vega, duquesa de Benamejí, una atractiva, joven y altiva mujer que es conducida a la cueva de los malhechores. Pero Lorenzo no pretende hacerle daño. Él le confiesa que cuando era pequeño trabajaba en sus tierras y ella recuerda que una vez le salvó la vida. Aquella hazaña le costó su trabajo y a partir de entonces el bandolero soñó con aquella niña que más tarde se convirtió en duquesa. El amor que siente por Reyes no pasa desapercibido a Rocío, una gitana humilde que vive con los bandoleros y está perdidamente enamorada de Lorenzo. Reyes y Rocío tienen un asombroso parecido físico, pero la gitana no puede competir con la duquesa porque no es la belleza lo que atrae de ella a Lorenzo, sino su distinción y elegancia. Aunque Reyes consigue escapar de la cueva –ayudada por

Rocío– Lorenzo el bandolero ha calado hondo en su corazón. Entonces tratará de convencerle de que abandone la vida de delincuencia e intenta conseguir un indulto a través de su influencia. Pero los soldados, capitaneados por Carlos, Marqués de Peñaflores –primo y enamorado de Reyes– intentan capturar a Lorenzo, siguiéndole desde cerca, incluso utilizando a la duquesa como cebo. Por ello, cuando Rocío, la gitana, descubre la pasión existente entre Lorenzo y Reyes y los planes que tienen para el futuro, decide delatar a los bandoleros. Aprovecha la llegada de los soldados y la pelea entre éstos y los bandoleros para disparar a la duquesa, que cae mortalmente herida. Lorenzo, cuando se entera de la muerte de su amada claudica ante los soldados. Los bandoleros los capturan y vuelan la cueva sin advertir que Rocío se encontraba allí escondida. La gitana muere, pero los soldados deciden dejar a los bandoleros en libertad.

La obra literaria

La película dirigida en 1949 por Luis Lucia es una adaptación de la obra teatral *La duquesa de Benamejí*, publicada y estrenada en 1932 por los hermanos Antonio y Manuel Machado.[1] La obra literaria es un «drama en tres actos, en prosa y en verso» que recoge la historia de los amores entre Lorenzo Gallardo, un valiente bandolero de Sierra Morena, y Reyes, duquesa de Benamejí.

La colaboración entre los dos hermanos comienza en la época en que ambos eran adolescentes, con algunas comedias llenas de ingenuidad infantil.[2] Después de desarrollar sus obras por separado, a partir de 1926 vuelven a reunirse para escribir,

---

[1] *La duquesa de Benamejí. La prima Fernanda. Juan de Mairena* (Buenos Aires 1960). Fue estrenada en el Teatro Español de Madrid por la compañía de Margarita Xirgu, el 26-III-1932.

[2] PÉREZ FERRERO, M., *Vida de Antonio Machado y Manuel* (Madrid 1973).

a pesar de que en esta época vivían en ciudades distintas. «Las cortas estancias de fin de semana de Antonio las utilizan para planear, para discutir, para rectificar en compañía lo que cada uno escribió por su lado, el uno en Madrid, y en Segovia el otro. De esta manera los dos van fabricando escenas que se han repartido previamente».[3]

Leopoldo de Luis incide en la imposibilidad de discernir qué parte de cada una de las obras corresponde a cada hermano, aún en el caso de contar con las notas de ambos, pues sería posible pensar «que en sus encuentros anotase cada cual las ideas del otro para meditarlas, y así una anotación de Antonio podría corresponder a las frases sugeridas por Manuel y a la inversa».[4] Esta doble autoría en las siete piezas que escriben juntos los dos hermanos tiene, en *La duquesa de Benameji*, un singular ejemplo de doble escritura: «parece escrita en una curiosa, extraña y, a priori, nada justificable alternancia; a ratos en un fluidísimo diálogo en prosa, como si los hermanos se hubieran repartido las escenas o secuencias para, luego, retocar cada uno de ellos lo que el otro había escrito».[5]

La duquesa de Benameji retoma la temática andaluza tanto en los personajes como en los espacios en que desarrollan sus peripecias, introduciendo numerosos elementos lírico-populares de folklorismo. La terrateniente, la gitana, el bandolero y su cuadrilla se mueven en un cortijo andaluz, en la serranía y en cuevas acompañados por el ritmo de cantes y bailes flamencos.[6] La acción se sitúa en la época del reinado

---

[3] PÉREZ FERRERO, M., *Vida de Antonio Machado...*, *op. cit.*, 154

[4] LUIS, L. de, *Antonio Machado. Ejemplo y lección* (Madrid 1988) 219.

[5] SALVAT, R., "Honradez, inocencia y cubismo en el teatro de Antonio Machado" en *Antonio Machado hoy*. Actas del Congreso Internacional Conmemorativo del Cincuentenario de la Muerte de Antonio Machado, t. II (Sevilla 1990) 194.

[6] Puede consultarse el interesante estudio de José Mondéjar sobre "El andalucismo ambiental y el andalucismo lingüístico en el teatro de los hermanos Machado", en *Antonio Machado hoy*. Actas del Congreso..., *op. cit.*, 137 y ss.

de Fernando VII y está tamizada por una concepción romántica tanto de la historia como de los personajes.

Las consideraciones sobre la obra teatral de los hermanos Machado son radicalmente opuestas. Algunos críticos optan por la valoración de la obra individual de Antonio y mantienen una indiferencia que raya en el desprecio con respecto a la obra teatral que escribe junto a Manuel.[7] Sin embargo, para otros investigadores como Ricardo Salvat, «el teatro de los Machado es un teatro de calidad, de verdadera dimensión poética, que tuvo la osadía de probar que el teatro y la literatura no eran cosas en todo ajenas la una de la otra, lo cual, en su momento y aún hoy en día, era todo un riesgo y comportaba una posición de honradez admirable».[8] *La duquesa de Benamejí* es la segunda obra teatral firmada por los dos hermanos que se llevaba a la gran pantalla. Dos años antes, Juan de Orduña y Cifesa habían estrenado La *Lola se va a los puertos*, que mucho más tarde, en 1993, es objeto de una nueva adaptación por parte de Josefina Molina. También *La tierra de Alvargonzález* es, en esta ocasión, punto de partida más que obra adaptada, del filme *La laguna negra*, dirigida por Arturo Ruiz Castillo en 1952.

El guión

La adaptación cinematográfica que se hace del texto de los hermanos Machado respeta el sentido del mismo, así como las líneas generales del argumento, aunque se separa de la concepción teatral del drama literario e introduce algunas variaciones narrativas.

---

[7] A este respecto puede consultarse el artículo de ALBERTO GONZÁLEZ TROYANO, "Tipologías populares andaluzas en el teatro de los hermanos Machado" en *Antonio Machado hoy*. Actas del Congreso..., *op. cit.*, 105 y ss.

[8] SALVAT, R., "Honradez, inocencia y cubismo....", *op. cit.*

Podemos considerar que las desviaciones de la obra cinematográfica con respecto a la literaria se deben a dos tipos de razones de índole bien distinta:

a) Por un lado hay que tener en cuenta que el punto de partida de la adaptación reside en una serie de elementos teatrales que deben ser reconvertidos al lenguaje cinematográfico. El espacio, la ausencia de acción y la abundancia de información narrativa en diálogos entre los personajes hace necesario un trabajo de transcodificación, como bien refleja la labor de Ricardo Blasco –responsable de la adaptación– ayudado, en los «diálogos adicionales», por el polígrafo gaditano José Mª Pemán. Nos encontramos ante dos modos de representación diferentes –el cine y la literatura– aun teniendo en cuenta que la obra literaria está concebida para su representación teatral.

b) Por otro lado, recordemos que la película se rodó en 1949. España apenas se ha recuperado de una dolorosa posguerra y el régimen político de Francisco Franco somete a cualquier producción cultural a una férrea censura que es imposible eludir. Por ello, numerosas modificaciones de la obra original poseen como primera explicación ese sometimiento al aparato censor que debe permitir el rodaje de la película y el posterior estreno de la misma, como veremos en el siguiente apartado.

Entre las modificaciones a las que se somete el texto literario de los hermanos Machado destacan, sobre todo, las que atañen al trabajo en la concepción de un espacio narrativo cinematográfico. El texto teatral se desarrolla en los tres lugares que permiten otros tantos actos en que se divide la obra: la casa de la duquesa, la guarida de los bandoleros y la plaza del pueblo. Sin embargo, los personajes de la película habitan en un espacio dinámico, lleno de exteriores, que abarca –además de las localizaciones teatrales– la comisaría en la que se reúnen los soldados para planear la captura del bandolero, la casa del magistrado cordobés, un castillo en ruinas abandonado en el monte, pero sobre todo, los caminos, senderos y riscos de Sierra Morena. En el proceso de adaptación se manifiesta una evidente voluntad de elaborar un espacio cinematográfico, como queda explícito en un documento firmado por Vicente Casanova Giner, consejero de Cifesa:

> En la adaptación se ha conservado fundamentalmente la línea del drama de los Machado, pero dándole una auténtica movilidad cinematográfica, que está fundamentalmente reflejada en los exteriores del film [...] hasta el punto de que en ningún momento nos hace recordar su procedencia teatral.[9]

De hecho, en el desglose del presupuesto se manifiesta en interés por todos los elementos relacionados con decorados y ambiente, sobre todo, teniendo en cuenta que es una adaptación de una obra teatral.[10]

Otro de los elementos que se ha modificado en la adaptación cinematográfica de *La duquesa de Benamejí* atañe a la categoría narrativa de los personajes. Lo más llamativo es la reducción de su número del teatro al cine. En la obra teatral, además de la duquesa, el bandolero junto con su cuadrilla, la gitana y Carlos –Marqués de Peñaflores– también encontramos a una serie de personajes de cierta relevancia: Don Fernando

---

[9] Más adelante se añade, en relación con los exteriores: «Son, sin lugar a dudas, los mejores y más logrados de todos cuantos se han rodado en películas nacionales. La serranía andaluza, con toda su brava belleza, ha quedado retratada en encuadres de maravilla. Los cielos son de prodigio, y debemos hacer constar que en una gran parte no son naturales, sino obra de trucaje, lo que realza la labor de los técnicos que han intervenido». Instancia de Vicente Casanova Giner, Consejero Delegado de Cifesa Producción, dirigida al Subsecretario de Educación Popular el 27-X-1949.

[10] Sobre un presupuesto global de 4.056.025 PTA., al apartado de decorados se le asigna 648.307 PTA.; a la ambientación 147.575 PTA. y a los estudios 825.328 PTA. Como referencia, el presupuesto de los actores principales es de 413.000 PTA., el de la obra y guión 63.500 PTA. y para música 41.200 PTA.

–el anciano Duque de Benamejí–, Marcel Delume –un oficial francés–, Don Tadeo, Don Antonio, el padre Francisco, Blanquita, Rosita –todos ellos del círculo social de la duquesa– y los trabajadores del cortijo de Reyes, Bernardo, José Miguel y Fabián, entre otros.

La incorporación de elementos de acción narrativa en exteriores permite eliminar los habituales personajes de teatro cuya función se reduce a ser vehículos de un diálogo descriptivo de las acciones que difícilmente podrían ser representadas en un escenario. Por ello, en un filme como *La duquesa de Benamejí*, donde la acción se desarrolla de forma dramatizada y enmarcada en espacios dinámicos, algunos personajes resultan superfluos. Así mismo, muchas de las escenas teatrales eliminadas son el resultado del modo de representación cinematográfico: una vez construidas las secuencias de acción, los diálogos en la casa de la duquesa o en la plaza del pueblo existentes en la obra resultarían redundantes.

Por otro lado, la reducción del número de personajes no se explica solamente desde un punto de vista de economía narrativa; tal vez todos los personajes eliminados en la película sean elementos dispersadores de la verdadera tensión dramática del conflicto: la relación entre el bandolero y la duquesa.

Otra circunstancia curiosa en el diseño de los personajes – un aspecto que separa la película de la obra teatral– se relaciona con el físico de las dos mujeres. En el filme, tanto la duquesa de Benamejí como Rocío, la gitana enamorada de Lorenzo Gallardo, están interpretadas por la misma actriz: Amparo Rivelles. Hay, además, una clara voluntad de mostrar que el rostro de las dos mujeres es el mismo. La rivalidad por los amores de Lorenzo Gallardo entre una dama joven, guapa, elegante, rica –además duquesa– y una pobre gitanilla vagabunda tal vez sea demasiado desigual en el texto teatral. Por ello es posible considerar que el comportamiento y la actitud de Rocío –esencial en el desenlace de la obra literaria de los Machado– posee ciertos rasgos de inverosimilitud. Sin embargo, si la gitana y la duquesa son idénticas físicamente, como se muestra en el filme, la rivalidad entre las dos mujeres –iguales en belleza– es mucho más posible. Lorenzo deja bien claro que no es el físico de la duquesa lo primordial: su atractivo se concentra en el porte, la elegancia y la distinción, algo inalcanzable para la gitana. Por ello, los ataques de celos de Rocío son mucho más coherentes en la trama de la obra cinematográfica. Y el peso de este personaje en el desenlace de los hechos es bastante más importante que el de cualquier otro. El drama desencadenado por la gitana delatando a los bandoleros primero, y matando a la duquesa después, resulta más verosímil en el filme que en la obra teatral. Por supuesto que, en la elección de los dos personajes a cargo de la misma actriz, habrá influido también la política de los estudios en relación a los contratos de las grandes estrellas del momento.

Para RAFAEL DE ESPAÑA hay un elemento importante que separa la obra de los Machado de su adaptación cinematográfica: «lo que el film no consigue en absoluto es recrear la atmósfera que baña el original». La relación entre Reyes y Lorenzo, los apasionados diálogos y lo sensual de algunas situaciones se ha perdido en gran medida en la película. Según DE ESPAÑA, las razones que explican esta desviación son tanto comerciales como de censura.[11]

La censura

El día 22 de enero de 1949 Enrique Songel Mullor, representante de Cifesa Producción se dirige al Director General de Cinematografía y Teatro solicitando el Permiso de Rodaje de la película *La duquesa de Benamejí* de la que adjunta

---

[11] ESPAÑA, R. de, "Antonio Machado visto por el cine español", en *Antonio Machado hoy*. Actas del Congreso..., *op. cit.*

el guión técnico y el literario.[12]

El día 1 de febrero el señor Francisco Fernández y González remite al Director General el estudio de la solicitud cursada, informando que «no debe autorizarse el rodaje». Para negar el permiso argumenta, entre otras cosas, lo siguiente: «Tanto el asunto como el guión técnico acusan de una absoluta falta de originalidad. El asalto a la diligencia trata de presentarse con unos planos atrevidos y sólo son un remedo de la técnica yanki...» [...] «Carece de valor literario aunque el diálogo esté bien concebido. Esta obra de los gloriosos Hermanos Machado queda desvirtuada en su versión cinematográfica de los valores puramente literarios» [...] «La moraleja que se obtiene del guión no es muy edificante. No se trata en absoluto de ningún aspecto de índole religiosa»; «Entiendo que esta historia decadente contribuiría, al ser plasmada en una película, a encender la leyenda negra de la psicología nacional y a forjar la consabida España de la castañeta».

Sin embargo, esta decisión se recurre y se otorgan los permisos oportunos para rodar la película que, no obstante, deberá modificar en algunos aspectos el guión presentado originalmente. Estos cambios se refieren tanto a consideraciones de carácter general como a elementos puntuales del argumento.

En primer lugar, la censura obligó a desligar la película de toda posible referencia histórica o conexión con la realidad. El representante de Cifesa declara: «Siguiendo de una manera muy concreta las indicaciones que nos fueron hechas, se ha dado carácter de irrealidad a cuanto sucede. El locutor que remata la película, dice: «Y aquí termina este viejo romance de la duquesa y el bandolero...» Y en eso queda cuanto hemos visto: en un romance, nunca historia, ni nada que aparente la

---

[12] Información recogida del expediente nº 9338 de la película que se encuentra en Archivo Central de la Secretaría de Estado de Cultura organismo dependiente del Ministerio de Educación y Cultura.

realidad de unos hechos».[13] Sin embargo, al terminar la película el contenido del parlamento en *off* no deja tan claro las diferencias entre la realidad y la leyenda, entre la ficción de un romance y el eco de unos hechos sucedidos realmente, pues lo que dice el narrador es lo siguiente:

> Y aquí termina este viejo romance de la duquesa y el bandolero. Y dicen que desde entonces se acabaron para siempre los bandidos en la Sierra de Benamejí. Pero el eco de aquellos montes todavía devuelve una copla...

Por otro lado, la censura exigía que se modificase la significación del ejército y la justicia española representadas en la película por el oficial enamorado de la duquesa. La antipatía de este personaje en el guión presentado previamente tuvo que ser suavizada y los oficiales del ejército, enemigos del valiente bandolero son, en la versión definitiva, además de valerosos como él, tan generosos y magnánimos como los mismísimos bandoleros con las clases más desfavorecidas. Por ello, al final de la película se añaden unas palabras de Lorenzo Gallardo reconociendo su culpa y aceptando la pena que se le fuera a imponer. Sin embargo, esta confesión y arrepentimiento es suficiente para la justicia: los soldados dejan en libertad, de forma generosa, a toda la cuadrilla de bandoleros.

Otras modificaciones impuestas por la censura giran en torno a la exclusión de algunas escenas del guión original, como el momento en que Lorenzo abofetea a Rocío, la gitana; una pelea a navaja entre el valiente protagonista y uno de sus secuaces; y la escena de baile celebrado entre los bandoleros.

Por último, en este apartado de imposiciones por parte de la censura cabe anotar un detalle anecdótico. Parece que los

---

[13] Instancia de Vicente Casanova Giner, ya citada, dirigida al Subsecretario de Educación Popular el 27-X-1949. En esta fecha ya se había rodado la película pero se pretendía que se revisara la categoría otorgada.

censores franquistas tenían una especial animadversión al arma blanca.[14] La navaja poseía para ellos un especial carácter demoniaco del que carecían, por otro lado, las armas de fuego o la dinamita. Así, la productora recoge las siguientes justificaciones que explican la sustitución de navajas por pistolones o explosivos:

> Se han variado los sistemas de muerte de la «Duquesa» y de la «Gitana». La primera muere de un tiro. La segunda -ya arrepentida- en la voladura del sótano del castillo. En la obra de teatro ambas mueren de un navajazo. Buscamos estas distintas formas de matar y de morir porque están mucho más alejadas de lo que se ha dado en convertir en símbolo del tópico: la navaja
>
> Se ha suprimido una lucha a navaja entre el Capitán de bandoleros y uno de sus secuaces, para evitar una vez más el señalado tópico de la navaja.

Mediante estas modificaciones la película consigue realizarse y se presenta al Ministerio de Educación y Cultura para su aprobación y clasificación. Con fecha de 18 de octubre de 1949, la Junta Superior de Orientación Cinematográfica,[15] –organismo dependiente de la Dirección General de Cinematografía y Teatro– aprobó, sin cortes, la película de Luis Lucia, considerándola tolerada para menores de 16 años y con clasificación de segunda categoría. Alguno de los argumentos de los integrantes de dicha junta fueron los siguientes:

---

[14] Puede consultarse UTRERA, R., "Españoladas y españolados: dignidad e indignidad en la filmografía de un género" en *Cuadernos de la Academia. Un siglo de cine español* nº 1, 233-247.

[15] La Junta Superior de Orientación cinematográfica estuvo formada por Gabriel García Espina (Presidente), Guillermo de Reyna (Vicepresidente), el sacerdote Antonio Garau (Vocal eclesiástico), David Jato, Manuel Torres, Pío García, Joaquín Soriano, Pedro Mourlane, Fernando de Galainena, Luis Fernando de Igoa y Xavier de Echarri (Vocales).

Desgraciadamente se ha malbaratado una magnífica entrada, digna de las mejores películas de caballistas del cine americano, en una repulsiva españolada, declamatoria, engolada, y tan llena de tópicos, en sus interminables parlamentos, que hace olvidar rápidamente el buen comienzo de la cinta.

Zarzuela de la *mejo* [*sic*].

Lo que dijo Jato: "Ahora comprendo cómo duran tanto los maquis".

Primer rollo excelente. Después... lenta, pesada y sin valor cinematográfico. Una lástima.

No se deba en ningún caso estimular este género de películas.

Considero la película como una detestable historia gravemente perjudicial al decoro de España.

Técnicamente es buena con un argumento malísimo. Sobran parlamentos y falta acción.

Una especie de zarzuela hablada (demasiado hablada) con argumento bastante idiota a base de la peor españolada.

Tema españolicida.

Sin embargo, la categoría que le otorga la Junta de Orientación no es la esperada por la productora, por lo que Cifesa se dirige al Subsecretario de Educación Popular suplicándole «se digne visionar personalmente» la película para establecer la clasificación definitiva: «bien sea su resultado elevarla a 1ª categoría, que es la que a nuestro entender le pertenece, o mantenerla en su estado actual».[16] Los argumentos que se esgrimen son de índole diversa, aunque cabe destacar las siguientes consideraciones:

Se ha abordado por primera vez la película de acción y se ha conseguido plenamente, especialmente en el arranque de la película -presentación de los bandoleros y de la diligencia- y persecución y asalto, que constituye una obra perfecta en el género, pese a la dificultad de medios que para este tipo de cosas tropezamos en España.

---

[16] Instancia del 27 de octubre de 1949 firmada por Vicente Casanova Giner, Consejero Delegado de Cifesa.

A pesar de todo, esta obra de Luis Lucia nunca fue reconocida por el Ministerio de Educación Nacional como película de "Interés Nacional".

La película

La duquesa de Benamejí posee, entre sus mayores logros, una excelente banda sonora compuesta por Juan Quintero, compositor que contribuyó a la imagen de fábrica de las películas de Cifesa. También podrían destacarse la escenografía, obra del decorador de origen ruso Pierre Schild y la fotografía, del norteamericano Ted Pahle. Estos dos profesionales, según Rafael de España, combinan su talento en la elaboración de unos trucajes fotográficos de gran efecto plástico y funcional.[17]

Para Félix Fanés *La duquesa de Benamejí* era una aventura típicamente nacional; sin embargo, considera que de unas peripecias que pueden calificarse, en su conjunto, de españolada, Luis Lucia consigue rodar un filme de género: el director, en vez de acentuar los aspectos hispánicos de la historia, va a hacer girar la aventura hasta convertirla en una especie de western, que en lugar de discurrir por la geografía del oeste americano, se desarrolla por las resecas tierras de Andalucía.[18] De hecho, cuando Luis Lucia es propuesto para dirigir este título, planteó una película de aventuras «que de algún modo representara una versión ibérica de los westerns de Hollywood y que, desde luego, tuviera el suficiente gancho comercial».[19] En efecto, el sentido comercial que la productora se plantea podemos deducirlo por el presupuesto invertido en el filme, por el carácter espectacular con que se publicita la

---

[17] ESPAÑA, R., *Antonio Machado hoy*. Actas del Congreso..., *op. cit.*
[18] FANÉS, F., *El cas Cifesa: vint anys de cine espanyol (1932-1951)* (Valencia 1989) 256-257.
[19] ESPAÑA, R., *Antonio Machado hoy*. Actas del Congreso..., *op. cit.*

película y, no lo olvidemos, por la elección de un reparto encabezado por los dos actores más taquilleros del momento, Amparo Rivelles y Jorge Mistral.

La duquesa de Benamejí es, como ya se ha señalado, una producción de la empresa Cifesa que:

> presenta la curiosa singularitat de ser l'empresa productora de pel·lícules més important d'Espanya durant dos períodes polítics tan diferents com van ser els anys republicans i els deu primers anys del franquisme.[20]

Cifesa produce esta película en 1949, después de atravesar una importante crisis en 1945-46, en un periodo floreciente donde se apuesta sobre todo por películas históricas y por una política de contratación en exclusiva de grandes estrellas como Jorge Mistral, Fernando Rey y Eduardo Fajardo. Un año antes de La duquesa de Benamejí Cifesa produce películas como Don Quijote de la Mancha (Rafael Gil), Locura de amor (Juan de Orduña), Noche de Reyes y Currito de la Cruz (ambas de Luis Lucia), y un año más tarde, en 1950 también son varias sus producciones: Agustina de Aragón (Juan de Orduña), De mujer a mujer (Luis Lucia), Una cubana en España (Bayon Herrera).[21]

La crítica

Entre la dureza de las opiniones de la junta de censura y los halagos de la productora del filme se sitúa el público y la crítica. Las opiniones de ambos sectores son diversas. El público de algunas provincias se entusiasmó con la película, como ocurrió

---

[20] FANÉS, F, El cas Cifesa: vint anys de cine...op. cit., 13.
[21] FANÉS, F., El cas Cifesa: vint anys de cine...op. cit.

en Valencia, Castellón y Valladolid.[22] En cambio, en otros lugares de la geografía española la recepción de *La duquesa de Benamejí* fue desigual o, incluso desfavorable:

> La acogida dispensada por el público se puede considerar como aceptable, sin mayor entusiasmo, a pesar de la extraordinaria publicidad que le ha precedido. Al segundo día de proyección pasó a una sala de inferior categoría, permaneciendo en cartelera seis días consecutivos.[23]

Incluso, dependiendo de la "cultura" de los espectadores hay diferencias:

> En los medios que podemos llamar intelectuales, esta película ha sido una españolada más, aunque mejorada notablemente en lo que a fotografía, música y coros se refiere, así como a la impresión de diálogos y sonido en general.
>
> A pesar de esto, ha tenido un enorme éxito de público y una gran acogida en el sector popular, viéndose la sala repleta de público, sobre todo en las funciones de la noche, que es cuando acude más esta clase de espectadores.[24]

En cuanto a la crítica de prensa volvemos a encontrar comentarios y juicios variados y contradictorios. En conjunto, las opiniones son unánimes en relación a los elementos de decoración, ambientación y dirección de la película. En

---

[22] «El público acogió la película con agrado encontrando en ella valores apreciables en la dirección y una interpretación esmerada» (Del informe remitido al Director General de Cinematografía y Teatro de Madrid por parte del Delegado Provincial de Educación en Castellón). «La acogida dispensada a esta película ha sido completamente favorable por la totalidad del público que ha visto en ella una serie de valores comparables a los de las mejores producciones nacionales y extranjeras» (Del informe remitido al Director General de Cinematografía y Teatro de Madrid por parte del Delegado Provincial de Educación en Valladolid).

[23] Del informe remitido al Director General de Cinematografía y Teatro de Madrid por parte del Delegado Provincial de Educación en Navarra.

[24] Del informe remitido al Director General de Cinematografía y Teatro de Madrid por parte del Delegado Provincial de Educación en Oviedo.

cambio, hay calificaciones opuestas en torno a la consideración del tópico español en *La duquesa de Benamejí*: en algunos periódicos la tachan de «la clásica españolada» y en otros se alaba la excelente dirección de Luis Lucia, alejándose de tópicos.

Algunos periodistas consideran que el trabajo de Rivelles y Mistral en *La duquesa de Benamejí* es uno de los mejores de sus respectivas carreras (*Diario Mediterráneo*, de Valencia, *Hoy,* de Badajoz). En otras críticas se valoran de forma diferente los dos papeles interpretados por la actriz en esta película:

> Amparito Rivelles que hace dos papeles, el de gitana y el de duquesa, está mucho peor en este último. Es decir, entre la duquesa y la gitana, el oro es la gitana y el cobre la duquesa.[25]

En conjunto, la crítica de la época considera que la cinta de Luis Lucia es un filme desigual con las «infantilidades y defectos» que conviven con verdaderos aciertos técnicos y artísticos.

---

[25] En *Arriba España* (Pamplona 5-XI-1949). En el mismo sentido se expresa el crítico de cine del diario *La nueva España* (Oviedo 12 -XI-1949).

FICHA TÉCNICO-ARTÍSTICA

Producción: Cifesa Producción.
Acogida al Crédito Sindical.
Año: 1949.
Nacionalidad: Española
Dirección: Luis Lucia
Según la comedia dramática de
  Antonio y Manuel Machado
Adaptación: Ricardo Blasco
Diálogos adicionales: José Mª
  Pemán y Ricardo Blasco
Guión técnico: Luis Lucia
Ilustración musical: Juan Quintero
Jefe de producción: Juan Manuel de
  Rada
Secretario de producción: José
  Joaquín Aguirre
Regidor: Fernando Navarro
Auxiliar de producción: Jesús
  García
Ayudante de dirección: Ricardo
  Blasco
Secretarios de dirección: C. López
  Cortijo y S. Isla
Director de Fotografía: Ted Pahle
  A.S.C.
Decorador: Pedro Schild
Cámara: Mariano Ruiz Capillas.
Ayudantes operador: J. Enríquez y
  A. Macasoli.
Foto fija: Julio Ortas.
Montaje: Juan Serra.
Ayudante montaje: Antonio
  Ramírez.
Técnicos de sonido: Jaime Torrens
  y Antonio Alonso.
Ambientación y figurines: Eduardo
  Torre de la Fuente.
Maquillaje: Rodrigo Gurucharri.
Peluquería: Francisco Puyol y Julia
  González.

Sastrería: Peris Hermanos.
Constructor de decorados:
  Francisco Prósper
Mobiliario y atrezzo: Antonio Luna.
Estudios: Sevilla Films.
Sistema de sonido: RCA.
Duración: 97 minutos

Reparto
Amparo Rivelles (Reyes, Duquesa
  de Benamejí y Rocío, la gitana)
Jorge Mistral (Lorenzo Gallardo)
Manuel Luna (Pedro Cifuentes)
Eduardo Fajardo (Carlos, Marqués
  de Peñaflores)
Julia Caba Alba
Irene Caba Alba
Antonio Riquelme
Félix Fernández
Valeriano Andrés
Arturo María
José Jaspe
Alfonso Córdoba
Francisco Bernal
Carlos Díaz de Mendoza
Miguel Pastor Mata
Ángel Martínez
Domingo Rivas
Manuel Requena
Juana Manso
Manuel Guitián
Casimiro Hurtado
Benito Cobeña
y María Asquerino

BIBLIOGRAFÍA CONSULTADA

ABELLÁN, J. L., *Sociología del 98* (Barcelona 1973).
BIBLIOGRAFÍA MACHADIANA (Bibliografía para un centenario) (Madrid 1976).
PÉREZ REGORDÁN, *El bandolerismo andaluz* (Sevilla 1987).
SALINAS, P., *Literatura española siglo XX* (Madrid 1980).

Artículos de prensa

Semanario Norma, 7-11-49 (Badajoz).
Diario Hoy, 8-11-49 (Badajoz).
Diario de Navarra, 5-11-49 (Pamplona).
Diario Mediterráneo, 8-11-49 (Valencia).
El pensamiento navarro, 6-11-49 (Pamplona).

ZALACAÍN EL AVENTURERO
de JUAN DE ORDUÑA

por
JOSÉ LUIS NAVARRETE CARDERO

José Luis Navarrete Cardero es Becario de Investigación en el Departamento de Comunicación Audiovisual y Publicidad de la Facultad de Ciencias de la Información de la Universidad de Sevilla. Actualmente trabaja en su Tesis titulada *Historia de un Género Cinematográfico: la Españolada*, que dirige el Dr. D. Rafael Utrera. Es autor del capítulo "La actualidad de la radio en Andalucía", dentro del volumen *Radio fin de siglo*, y de dos capítulos sobre el papel de la mujer en el cine recogidos en el volumen colectivo *Alicia en Andalucía*, coordinado por la Dra. Dª Virginia Guarinos y publicado por la Filmoteca de Andalucía.

ZALACAÍN EL AVENTURERO (1954)
DE JUAN DE ORDUÑA

Argumento

El filme comienza con el encuentro de Pío Baroja y Juan de Orduña. La finalidad de éste es poner en antecedentes al director de cine sobre la vida de Martín Zalacaín de Urbía, héroe de su próxima película. Será el propio autor literario quien le desvele al realizador las extrañas circunstancias en las que tuvo conocimiento de la existencia legendaria de este personaje, omitidas en el acontecer de los hechos que conforman su novela.

Las palabras de Pío Baroja se convierten en el relato cinematográfico de Juan de Orduña. Éste comienza con la reunión de un joven Pío Baroja y las tres amadas que Zalacaín tuvo en vida: Catalina, Rosa, y Linda. Las tres ancianas visitan cada noche la tumba de Martín para poner sobre ésta tres rosas, una roja, otra amarilla, y blanca la tercera, símbolos de su amor y de su infinita fidelidad. Cada mujer contará al joven Baroja los intensos momentos vividos junto a su amado.

Catalina, la más amada de las amantes de Martín Zalacaín comenzará la narración, relevando a Pío Baroja en esta tarea, nuestro hilo conductor hasta estos momentos,. Conoceremos la diferencia de posición social que hay entre ella, perteneciente al caserío de los Ohando, y nuestro protagonista. Esta distinción será la causa del odio que surgirá en Carlos Ohando, hermano de Catalina y rival de Martín de por vida.

Rosa y Linda, por su parte, nos narrarán su encuentro infantil con Zalacaín y cómo quedaron prendadas de él. Rosa, hija de un militar liberal se encontrará, fortuitamente, con éste durante un viaje en coche de caballos por los caminos que el niño solía recorrer en sus juegos. A Linda, sin embargo, la unirá el circo, donde ésta trabajaba junto a su tío, hombre rudo que no la trataba demasiado bien. Ya no se volverán a encontrar hasta su etapa adulta, mientras que con Catalina, y en Urbía, mantendrá Martín una intensa relación amorosa.

Convertido en un noble joven, fuerte y bien parecido, Zalacaín trabajará como postillón de la diligencia de Bayona. Por lances del destino se verá metido en un brete junto a su cuñado, Bautista, al ser confundidos por la banda de Lushía, bandolero y mercenario beneficiario del conflicto entre carlistas y liberales, por unos contrabandistas de armas. Escapado de los bandoleros cuando estos intentaban atracar la diligencia, Martín Zalacaín se volverá a reunir con Rosa, que viajaba a Bayona acompañada de su madre. Nuevamente el camino volverá a unirlos hasta su recuperación de las heridas causadas por la huida de manos de sus captores. Bayona, Rosa y Zalacaín, quedarán unidos por siempre.

Recuperado, regresa a Urbía donde descubre que Catalina ha sido llevada a Estella, corte de Carlos VII, e internada en un convento de las Madres Recoletas por mediación de su hermano Carlos, que sirve a los intereses carlistas. Allí conseguirá liberar a su amada y burlar, nuevamente, a Carlos Ohando con la ayuda de Linda, la pequeña que conoció en su infancia en el circo y que ahora regenta una sala de juegos en Estella. Linda, Zalacaín y Estella quedarán unidos por siempre.

Los tres se dirigen a Logroño en busca de Rosa para que su padre, general liberal, les firme un salvoconducto a fin de llegar hasta Bayona donde Zalacaín se casará con Catalina. En el camino hacia el lugar elegido para celebrar la ceremonia, Zalacaín sufrirá una emboscada, encabezada por su futuro cuñado, que le costará la vida. Morirá en presencia de sus tres amadas. Sus restos descansarán en Zaro eternamente.

El filme se cierra igual que se abrió, con Pío Baroja y Orduña reunidos. Tras la narración de los hechos que el espectador acaba de ver, el escritor lee una carta remitida por el sepulturero de Zaro, Iñaki, donde le informa que a pesar de los años transcurridos desde la noche del encuentro con las amadas de Zalacaín en el cementerio, las rosas siguen frescas en la tumba de éste.

CIFESA y Zalacaín el aventurero

Juan de Orduña, famoso actor gracias a películas como *La Casa de la Troya* (A. Pérez Lugín y M. Noriega, 1924) o *Boy* (Benito Perojo, 1925), se inició en la dirección cinematográfica con *Una aventura de cine* (1927). El éxito le acompañará en esta tarea cuando, tras su última interpretación en *Flora y Mariana* (J. Buchs, 1941), la convierta en su principal actividad. Sólo una vez más reunirá Juan de Orduña sus dos facetas de actor y director en un mismo filme: será en 1954 con *Zalacaín el aventurero*. Entre su primera aportación como director y ésta quedan atrás éxitos y fracasos.

Cifesa fue la productora para la que Juan de Orduña dirigió más películas en los años señalados, por lo que sus destinos han quedado unidos en la historia de nuestra cinematografía para lo bueno y lo malo. En 1945 la marcha ascendente de Cifesa se vio truncada, como señala Ángel Quintana, por la progresiva descapitalización que sufrió la empresa y por «sus contactos con la Alemania de Hitler» que le supusieron graves quebrantos.[1] Vicente Casanova intentó variar el rumbo de los

---

[1] Voz *Cifesa*, en *Diccionario del cine español*. Dirigido por José Luis Borau. (Madrid 1998).

acontecimientos y por ello apostó por superproducciones históricas que sirvieron las más de las veces para «fundamentar el orgullo autárquico y despechado de un régimen aislado frente a las democracias emergentes tras el desenlace de la Segunda Guerra Mundial», antes que para afianzar nuestra cinematografía.[2] A pesar de ello, el ciclo historicista conocerá grandes momentos con *Locura de amor* (1948) y *Agustina de Aragón* (1950), donde además el régimen franquista hallará un cine a su medida. Con una política de financiación parasitaria de las subvenciones estatales, que eran necesarias para sacar a flote películas de tan alto presupuesto, cualquier error por minúsculo que fuese podía conllevar el fracaso económico si el Estado les retiraba su apoyo, como así sucedió en 1951 con los filmes de Orduña *La Leona de Castilla* y *Alba de América*. El último, pese a ser un proyecto que contó inicialmente con la protección gubernamental, no recibió el apoyo prometido por lo que supuso un fiasco.[3] A partir de este instante, el ciclo historicista entrará en decadencia. Tras *Lola la Piconera* (1951), Cifesa desaparece como identificadora de una productora en las pantallas españolas.

Zalacaín el aventurero es una de esas nuevas películas de las que hablamos. Dirigida por Juan de Orduña en 1954 y producida por Espejo Films, fue distribuida por Cifesa para todo el territorio nacional. A pesar de las aparentes similitudes que presenta con el ciclo histórico, supuso un cambio significativo en la concepción de cine basado en fuentes reales o noveladas.

La principal novedad estriba en que es una obra de Pío Baroja, autor poco grato al régimen franquista, al igual que muchos de sus coetáneos: en la década de los 50 sólo aparecen dos adaptaciones pertenecientes a autores noventayochistas,

---

[2] CARLOS F. HEREDERO: *Las huellas del tiempo. Cine español 1951-1961* (Valencia 1993).
[3] *Vid.* CARLOS F. HEREDERO, *op. cit.*

ésta y *Sonatas* (Juan Antonio Bardem, 1959). El rechazo que Don Pío suscitaba en la esfera política dominante provenía de su falta de posicionamiento en este bando ideológico o en la oposición. Como dice Ángel Basanta en su estudio barojiano:

> Considerado por unos como un revolucionario y por otros como un reaccionario, Baroja sufrió y sigue sufriendo manipulaciones y reproches partidistas quizá porque su independencia y su irritante sinceridad incomodaba a todos.[4]

Las razones que llevaron a la elección de un autor como Baroja parecen entrar entonces en una contradicción ideológica respecto al cine perpetuado anteriormente por Cifesa y el régimen dominante.[5] La posición de ésta, en un segundo plano, le permitía contribuir a la confección de títulos poco gratos al franquismo; podemos suponer que el proyecto de *Zalacaín el aventurero* encerraba indicios, soterrados, de disidencia respecto a la ideología que en años pasados Cifesa había enarbolado tan fielmente.

De todos modos, del argumento del filme no se desprende actitud política alguna, y lo hemos resumido así pues tampoco existen en la película de Orduña intenciones explícitas a este respecto, salvo pequeños detalles originados más bien en un exceso de vista por nuestra parte que en fundamentos reales. Por ejemplo, el antagonista de la película, Carlos, es el antihéroe de una historia desarrollada en pleno conflicto *carlista*, pudiéndose pensar que la homonimia es intencional. En todo caso, el comentario afecta a la novela y no al filme, pues los nombres de los protagonistas se han respetado del

---

[4] BASANTA, A., *La novela de Baroja. El esperpento de Valle-Inclán* (Madrid 1987).
[5] Como señala CARLOS F. HEREDERO, en obra ya citada, «el grueso de los títulos con raíces en las páginas escritas se alimenta, no obstante, de los novelistas de la posguerra, de la literatura contemporánea amparada y protegida por los vencedores de la Guerra Civil».

original. Por otro lado, este apoliticismo no se tradujo en una producción y exhibición de la obra fílmica sin contratiempos, pues como veremos luego, *Zalacaín el aventurero* también encontró su particular baúl de problemas con la censura. Fueron voces alarmadas por el momento histórico en el que transcurría la acción de la obra, la *tercera* Guerra Carlista.

A título de curiosidad resaltamos este dato, no cierto del todo, pues película y novela se desarrollan durante la segunda Guerra Carlista. Como el mismo Pío Baroja confiesa, su interés por esta guerra civil le viene desde niño: su padre fue corresponsal de un periódico en Guipúzcoa desde 1874 a 1876, años que, según escribe su cuñado Caro Raggio, se corresponden con el segundo enfrentamiento Carlista-Liberal. Ignoramos las causas por las cuales éste considera la guerra acontecida en este período como el segundo episodio de una guerra tripartita, cuando la Historia nos dice que fue el de los "Matiners" –de 1846 a 1849 en Cataluña– el situado en ese lugar. Tal vez la poca importancia de este brote carlista, su circunscripción a un único territorio, y su nula transcendencia, le lleven a obviarlo. El dato carecería de importancia si estas fechas no jugasen un papel tan confuso en la obra de Orduña. En ésta, Zalacaín fallece en 1857, es decir, la acción no se sitúa ni en la segunda ni en la tercera Guerra Carlista. Nunca sabremos qué arrastró al director a encuadrar la acción en una fecha inexacta respecto a la novela, y por tanto respecto a la Historia, aunque podemos vislumbrar la solución en el clima político de los 50.

Narrador/es

Existe una diferencia sustancial entre el modo de narrarse *Zalacaín el aventurero*, novela, y el modo de narrarse *Zalacaín el aventurero*, película. Bien es cierto que la estructura de ambas es muy similar y la constitución tripartita de la obra literaria continúa presente en la obra cinematográfica, aunque no se haga manifiestamente como sucede en la primera al quedar dividida en tres capítulos o bloques. Recordemos que estos tres libros son *La infancia de Zalacaín, Andanzas y correrías*, y *Las Últimas aventuras*. Fidedignamente la película responde a estos tres episodios, además de hacerlo con otras claves argumentales de la novela como son los escenarios de la acción de Zalacaín, Urbía, Bayona y Estella, y la aparición de sus tres amadas. Nos encontramos ante los paralelismos lógicos de cualquier adaptación, donde el original no se utiliza como un pre-texto sino como firme intención de reflejar lo acontecido en la fuente literaria primaria.

Sin embargo, existe un nivel en la película más rico que en la propia novela. Nos referimos al plano discursivo. Se trata de descubrir quién nos cuenta o narra *Zalacaín el aventurero* novela, y quién nos narra o cuenta *Zalacaín el aventurero* película. La multiplicidad de voces narradoras convierte a *Zalacaín el aventurero*, película, en una obra más "real" que la propia novela. El filme se convierte así, por extraño que parezca, en paso previo a la obra literaria que lo origina. Veamos.

En la novela existe un único narrador. Éste puede, o no, coincidir con Pío Baroja. Si podemos demostrar la coincidencia de ambas figuras, narrador y autor, es gracias a la película, ya que en la novela no se dan pistas sobre esta figura discursiva. No sucede así en el filme, donde vemos al joven Baroja ejercer de interlocutor de las tres ancianas, y por tanto, él es el único conocedor de los hechos mostrados en la obra literaria. Sea como fuere, es a través de esta única voz por la que el lector tiene conocimiento de la vida de Zalacaín. Ella nos guía a través de la historia, nos muestra la realidad, su realidad. Por contra, en la película existen varios narradores, y por tanto diversos puntos de vista, además de una fantástica interrelación de autoría entre Pío Baroja y Juan de Orduña que también afecta al escalafón discursivo de ambas obras. Cuando asistimos al encuentro de los dos autores, Baroja cuenta a Orduña las circunstancias en las que tuvo conocimiento de la verdadera existencia de Zalacaín. El filme, a partir de ahí, podría haber sido un único primer plano del escritor narrando dichos acontecimientos. Sin embargo, automáticamente pasamos a visualizar los hechos, que ya no son, ¿o sí?, narrados por Baroja sino por Orduña. La cámara de éste es la que se encarga ahora de mostrarnos el camino hacia Zalacaín. Ella será nuestra verdadera guía. El asunto se torna más complejo cuando entran en juego las otras tres voces de la narración: Catalina, Rosa y Linda. Ciertamente el plano discursivo podría haberse vuelto mucho más imbricado si los puntos de vista de estas narradoras hubieran confluido en determinados momentos de la novela, asunto que evita acertadamente Juan de Orduña introduciendo la voz del primer narrador, es decir Baroja, cuando se vislumbra la posible duda en el espectador sobre quién le está narrando lo acaecido en ese momento. Esto sucede durante el regreso de Zalacaín a Urbía tras su periplo con Rosa, donde la voz del novelista deja bien claro quién nos va a narrar los sucesos desde ese instante hasta el final. Es un recurso técnico necesario pues en el ocaso del filme todos los personajes narradores confluyen en un único espacio. Todos presenciaron los hechos por lo que cualquiera de ellos podría narrar lo acontecido. Sin embargo, para evitarle quebraderos de cabeza al espectador, y a él mismo, Orduña resuelve de un plumazo el problema sirviéndonos una información de segundo orden, es decir, utilizando al *primer* narrador, Baroja. Ello no significa ser el mejor conocedor de los hechos; simplemente le llamamos así por un criterio ordinal de aparición en el relato. Don Pío se convierte, al final de la obra, en la unificación de las voces de todos los narradores. Así, este eclecticismo narrativo evita a Orduña mayores complicaciones discursivas.

La aparente información secundaria, ofrecida por Baroja,

se convierte en privilegiada, al menos cuando tienen la palabra las tres ancianas. Estamos entonces ante los hechos tal y como llegaron realmente a oídos de Baroja antes de escribir su novela, cuando sólo era un proyecto. Aunque el encuentro entre él y las ancianas pudo no acontecer jamás, nosotros como espectadores le damos *status* de veracidad a lo visto, como el lector se lo da a la novela de *Zalacaín el aventurero* cuando se acerca a sus páginas. Por tanto, como nos movemos en el terreno de lo ficcional, y ficción es novela y película, podemos concluir que el filme es un paso previo a aquélla, cuanto más si muestra, como dice el propio Baroja en éste, circunstancias que no se contaron en la novela. La obra cinematográfica, en consecuencia, no sólo es el paso previo de ésta sino que ofrece, además de su acción, parte de su proceso creador. Novela y película en este caso son complementarias.

Esta exposición podría desmoronarse fácilmente arguyendo que la cámara de Orduña no comienza su mostración paralelamente a la narración de Baroja, sino que el encuentro de nuestros dos personajes en el filme ya es ficción, diégesis si se quiere, y que por lo tanto algunas de las apreciaciones que aquí se han hecho no tienen sentido. Pero también es posible, y así lo creemos, considerar este prólogo como un pasaje extradiegético, inútil para la historia que allí se desarrolla, y sobre todo, visto por nuestros ojos, bastante más enriquecedor para la imaginación del espectador.

Producción y censura

En este apartado mostraremos, brevemente, los diferentes episodios que vivió *Zalacaín el aventurero* antes y después de convertirse en filme. Las vicisitudes que cualquiera de nuestras películas pasaba durante estos años hasta verse convertida en una realidad fílmica eran numerosas. La censura, haciendo gala de una gran perseverancia, no cesaba ahí, sino que extendía

sus tentáculos hasta las salas de proyección. Como cuenta el
realizador Nieves Conde:

> la arbitrariedad del poder rebasaba la propia institución de la
> Junta. La censura influía, antes, durante y después de hacer la
> película. Todo el mundo estaba en contra de ella, pero todos se
> autocensuraban de antemano, sobre el guión y la elección de los
> temas, para no tener problemas.[6]

Cuando en 1955 se estrena *Zalacaín el aventurero*, hacía
sólo cuatro años que había surgido en nuestro país el Ministerio
de Información y Turismo, cuyo primer titular fue Gabriel
Arias Salgado. La Dirección General de Cinematografía y
Teatro, organismo dependiente de aquél, fue ocupada por José
María García Escudero, defenestrado prematuramente y
sustituido por Joaquín Argamasilla de la Cerda, marqués de
Santa Clara. Estos nuevos mecanismos de control del aparato
cinematográfico estatal supusieron un fuerte endurecimiento
de la censura; su coincidencia temporal con la etapa del
régimen franquista donde tuvieron lugar los primeros síntomas
aperturistas, hicieron temer por la salubridad de los vientos
extranjeros que recorrían, por vez primera desde hacía más de
dos décadas, la geografía nacional.

Algunos motivos que ya hemos visto en apartados anteriores
sumados a la susceptibilidad de un aparato censor magnificado
durante estos años, podían hacer pensar que la elección de
llevar *Zalacaín el aventurero* a las pantallas no había sido
excesivamente afortunada. Pero a pesar de las dudas que el
texto barojiano pudo suscitar, el guión de Manuel Tamayo
consiguió pasar por la Dirección General de Cinematografía
y Teatro: obteniendo el obligatorio permiso de rodaje. Debemos
decir que cuando el guión se presentó a ésta su título fue

---

[6] José Antonio Nieves Conde. En el coloquio de "Una mirada al cine español.
Años 50" (Zaragoza 1990). *Cit.* en Carlos F. Heredero, *op. cit.*

Zalacaín a secas, lo que resultó del agrado de algunos de los lectores que debían aconsejar su aprobación. Así se puede leer en uno de los informes generales de estos, con fecha de 28 de junio de 1953: "sus aventuras son, enamorar a las chicas y morir joven por una de ellas. Por eso ha hecho bien el adaptador en titularle *Zalacaín*, a secas".[7]

Son variadas las opiniones, todas curiosísimas y sin desperdicio alguno. Por ejemplo, en otro de estos informes puede leerse: "la presencia de las tres mujeres y de Baroja no creo que conduzcan a nada mas [*sic*] que a complicar el asunto". En las observaciones finales de otro se dice:

> Para evitar ulteriores inconvenientes de censura, cuidese [*sic*] con la debida delicadeza las efusiones amorosas suprimiendo la escena de pretendidos efectos cómicos de la monja abandonada en la carretera.[8]

Por supuesto esta escena fue suprimida en el guión. Ninguna monja sería causa de risa en *Zalacaín el aventurero*, al menos en los términos a los que alude el lector.

A pesar de estas pequeñas "anomalías" del guión reseñadas por nuestros lectores, la Dirección General de Cinematografía y Teatro resolvió, con fecha de 7 de julio de 1953, autorizar el rodaje de la película titulada *Zalacaín*. Autorización o permiso de rodaje que caducó, teniendo que ser nuevamente solicitado por Elena Espejo del Valle en calidad de productora, y en nombre de Espejo Films, el 27 de abril de 1954 con intención de comenzar el rodaje de la misma el 20 de mayo de 1954. Sorprendentemente, en la solicitud consta como título del filme *Zalacaín el aventurero* y no *Zalacaín* a secas, como fue autorizada en un principio. En el breve resumen argumental que acompaña dicha solicitud puede leerse de puño y letra de

---

[7] Expediente de *Zalacaín el aventurero*, n° 13.014. Secretaria de Estado para la Cultura. Ministerio de Educación y Cultura.

[8] *Ibidem.*

la propia Elena Espejo:

> El guión que corresponde a esta solicitud es idéntico al
> autorizado por esta Dirección General en [*sic*] 7 de julio de 1953,
> con el número de salida 1357.[9]

El rodaje definitivo comenzará el 2 de junio de 1954.
Finalmente, la película se titulará igual que la novela de Baroja,
al no haber observado ninguna irregularidad la Dirección
General en el cambio nominal.

En el presupuesto total previsto para su realización aparece
la cantidad de seis millones de pesetas, con una aportación
por parte de la productora de cinco millones de pesetas y de
un millón, pretendido, por parte del Crédito Sindical. Estos
datos difieren, como suele ocurrir cuando se trata de cine, con
los últimos presentados por la productora el 5 de enero de
1955. Así, el coste de la película una vez finalizada, el 10 de
agosto de 1954, fue de 5.770.537'32 PTA. Por otra parte, la
película consiguió la etiqueta de "interés nacional" o
clasificación "*A*", logrando una subvención del 50% del coste
total de su producción. Su estreno tuvo lugar el 24 de enero de
1955, sólo tres días después de la concesión de la autorización
de proyección, en los cines madrileños *Palacio de Prensa* y
Roxy B, recaudando 25.422 PTA y siendo vista por 2.654
espectadores.[10]

Zalacaín el aventurero fue autorizada por la Junta de
Clasificación y Censura, último obstáculo que debía sortear
cualquier película antes de su exhibición, únicamente para
jóvenes mayores de dieciséis años. Los resultados de este
organismo difirieron de un censor a otro. Hubo quien adjetivó
la película como "una completa patochada, incoherente, falta

---

[9] *Ibidem.*
[10] Base de Datos del Ministerio de Educación y Cultura (Filmoteca Española,
I.C.A.A.).

de interés, pesada y poco seria" y "apta para todos los públicos"
y quien por contra la definió "sin transcendencia en el orden
moral" pero sólo "apta para mayores de dieciséis años".[11] La
decisión de la Junta de autorizar únicamente el filme para
"mayores" no gustó demasiado a Espejo Films, que intentó
conseguir la autorización "para todos los públicos" aludiendo
a la pureza de los amores allí representados y a la santificación
de uno de ellos con el matrimonio (hecho que no ocurre jamás
en el filme); la revisión fue denegada por la Comisión Superior
de Censura, por lo que el filme se estrenó con tal restricción.
La Rama de Censura emitió su veredicto final en la sesión del
12 de enero de 1955.[12]

Por último, nos gustaría mostrar dos ejemplos de la longitud
de los tentáculos de la censura. Del primero da buena cuenta
Félix Fanés en su libro dedicado a Cifesa, donde nos narra las
vicisitudes epistolares que provocó la proyección del filme en
Bilbao. Al parecer, el Gobernador Civil de Vizcaya, que tenía
por costumbre acudir a la función de las siete y media de la
tarde, quedó negativamente sorprendido porque, durante la
película, la palabra vasca "Iñaki" aparecía seis veces.
Resultado: seis cortes en Bilbao, único lugar del País Vasco y
del territorio nacional donde el filme suscitó tales reacciones.[13]

Nuestro segundo ejemplo proviene de la prensa. "Con esta
crítica nos basta para repudiar la película", artículo de *El
Pensamiento Navarro* firmado por Miguel Ángel Astiz,
Zalacaín el aventurero sufrió, quizás, su más mordaz crítica.

---

[11] Expediente de *Zalacaín el aventurero*. Citado anteriormente.
[12] En el informe de ésta pueden leerse los nombres de los conformantes de la Junta
de Clasificación, que quedó compuesta como sigue: «Como Presidente, D.
Joaquín Argamasilla, como Vicepresidente, D. José María Alonso Pesquera,
como Secretario, Francisco Fernández de Rojas, y como Vocales de la Rama
de Censura, Rvdo. Padre Juan Escudero, D. Pedro Mourlane Michelena, D.
Mariano Daranas, y D. Rafael de Casenave».
[13] FÉLIX F., *El cas Cifesa: Vint anys de cine espayol –1932-1951–* (Valencia
1989)322-324.

Extractamos parte de este artículo para dar idea de lo que
queremos decir:

> Desde que supimos que se estaba rodando en Lecumberri una
> parte de esta versión cinematográfica de *esa* novela de Baroja,
> esperábamos el estreno con curiosidad.
>
> Una curiosidad lógica, porque a nuestro modo de entender, no
> es posible una versión cinematográfica de Zalacaín el aventurero
> sin zaherir –y utilizamos una suave palabra– a aquellos hombres
> que en las guerras del pasado siglo lucharon por barrer el liberalismo
> que desembocó en peligro de muerte para España, del que salvamos
> con la drástica medida del 19 de julio.
>
> No porque sean nuestros abuelos, sino porque defendieron lo
> que nosotros defendemos, y no se les puede insultar impunemente
> desde los planos de una versión cinematográfica de una novela de
> un reconocido anticarlista, que si tuvo libertad en los tiempos de
> libertinaje, en los que su postura estaba de moda, no debería tenerla
> ahora, cuando pensamos que tocando a ese punto todo debe ser
> distinto.
>
> Pedimos que se haga con *Zalacaín el aventurero* auto de fe.[14]

---

[14] La cursiva es nuestra. La crítica apareció un día después del estreno de la obra
en Madrid, y se trata de un recorte de prensa que llegó a manos del mismísimo
Director de Cinematografía y Teatro, Joaquín de Argamasilla, a través del
Subsecretario de Justicia, Ricardo Oreja Elósegui, cumpliendo una disposición
de la Dirección General de Cinematografía y Teatro.

FICHA TÉCNICO-ARTÍSTICA

Producción: Espejo Films, Madrid/ Cifesa.
Fecha: 1954.
Dirección: Juan de Orduña.
Distribución: Cifesa.
Argumento: Novela homónima de Pío Baroja.
Adaptación, Guión y Diálogos: Manuel Tamayo.
Ayudante de dirección: Joaquín Vera.
Regidor: José Zaro.
Secretaria de Dirección: Concepción L. Cortijo.
Ambientación: Manuel Comba.
Fotografía: José F. Aguayo.
Operador: Ricardo Navarrete.
Ayudante de cámara: Milton Stefani.
Fotografía fija: Emilio Godes.
Música: Juan Quintero, sobre temas populares vascos.
Director artístico: Sigfredo Burman.
Decorador: Enrique Bronchalo.
Montador: Antonio Cánovas.
Sonido: Enrique Larriva.
Maquillaje: Francisco Puyol.
Vestuario: Peris Hermanos.
Peluquería: Francisco Puyol.
Atrezzo: Ramón Miro.
Director de Producción: Arthur Duarte.
Jefe de Producción: T. de la Plaza.
Ayudante de Producción: J.L. Hortelano.

Duración: 93 minutos.
Paso: 35 mm. B/N.
Estreno: 24-01-55, en Madrid, *Palacio de la Prensa* y *Roxy B*.
Intérpretes: Virgilio Teixeira (*Zalacaín*), Elena Espejo (*Catalina*), Margarita Andrey (*Rosa*), Carlos Muñoz (*Carlos Ohando*), Jesús Tordesillas (*Tellagorri*), María Dolores Pradera (*Ignacia*), Humberto Madeira (*Bautista*), Rosario León (*Linda*), José Sepulveda (*Lushía*), María Francés (*Madre de Zalacaín*), Josefina Serratosa (*Madre de Rosa*), Lolo García (*Zalacaín, niño*), José Vidal (*Carlos, niño*), Manuel Arbó, Ramón Martorí, Mariana Larrabeiti, Roberto Samsó, María Cañete, Juan Capri, José Bergia, Modesto Cid, Patrocinio Selva, María Rosa Burgues, Luis Induni, José María Cossío, Olga Batalla, Harry Bell y su león, Pío Baroja (*Pío Baroja*), y Juan de Orduña (*Juan de Orduña*).

LA TÍA TULA
de MIGUEL PICAZO

por
VICTORIA FONSECA

VICTORIA FONSECA, cordobesa, vive y estudia en París, Londres, Bruselas, Florencia y Madrid. Licenciada en Ciencias de la Información por la Universidad Complutense de Madrid. Técnico de TVE y Ayudante de Dirección en largometrajes. Titulada en Lengua y Literatura Francesa por la Universidad de la Sorbona de París. Becada para impartir cursos de Guión y Medios Audiovisuales en Luxemburgo y Londres. Imparte cursos de Narrativa Fílmica en Centros de Enseñanza. Presidenta y miembro del Jurado en Festivales Cinematográficos Nacionales e Internacionales. Pertenece a la Asociación de Escritores Cinematográficos de Andalucía (ASECAN). Autora de los libros: *La imagen textual* y *La imagen vacía*. Participa como autora en los volúmenes colectivos de los libros *Miradas de mujer* e *Imágenes cinematográficas de Sevilla*. Ha ejercido como Profesora Tecnóloga en Procesos y Medios de Comunicación. Actualmente trabaja en su Tesis Doctoral y es Directora de la Filmoteca de Andalucía.

LA TÍA TULA (1964)
DE MIGUEL PICAZO

Argumento

Gertrudis, conocida familiarmente por Tula, es una mujer todavía joven que vive sola a la sombra de una sosegada ciudad de provincias anclada en el tiempo.

A la muerte de su hermana Rosa, acoge en el hogar a su cuñado Ramiro y a los hijos de éste: Tulita y Ramirín.

A partir de ese momento, la vida de Tula girará en torno a la atención y cuidado de la familia de su difunta hermana. En esta plena dedicación al bienestar de los niños, Tula se debate entre las contradicciones de sus deberes como tía y la necesidad de sentirse mujer, llegando a dominar sus apetencias con una deliberada negación del instinto sexual.

La convivencia entre los dos cuñados experimenta sus primeras dificultades cuando Emilio, amigo de Ramiro, pretende a Tula. La situación se complica al comprender Ramiro cómo una óptima solución podría ser su matrimonio con Tula, basándose en lógicos razonamientos: los niños se han habituado al trato de su tía y él también se siente inclinado hacia la hermana de su mujer, inclinación que la vida en común propicia cada día más.

Cuando Ramiro exterioriza la atracción que sobre él ejerce Tula, ésta se reafirma en su negativa a contraer matrimonio, pese a los consejos del Padre Álvarez, su confesor, alegando que con ello ofende la memoria de su hermana.

Tula vive a partir de entonces en un continuo estado de sobresalto y angustia, a consecuencia de la excitación amorosa de su cuñado, al que intenta mantener a distancia.

Como la situación entre ambos se perfila insostenible, deciden pasar unas vacaciones en el pueblo, en casa del tío Pedro, y apaciguar así, por algún tiempo, las apasionadas pretensiones de Ramiro.

Es en éste nuevo ambiente, menos hermético, donde Tula llega a admitir interiormente la posibilidad de un matrimonio con su cuñado, pero éste ha seducido a Juanita, la joven hija del tío Pedro. Obligado a hacerla su esposa, emprenden juntos una nueva vida.

Tula acude a despedirlos a la estación. El tren se aleja y con él sus últimas esperanzas.

En el andén, silabeando entrecortadamente el nombre de Ramiro, la silueta de una mujer desvalida emerge, ahora más sola que nunca, entre los raíles.

Comentario

La tía Tula, producción cinematográfica de Miguel Picazo, basada en la novela homónima de Miguel de Unamuno, es llevada a la pantalla en 1964, justamente en el centenario del nacimiento del autor.[1]

Tan ilustre pensador, con Antonio Machado entre otros, se rebeló hostilmente contra el séptimo arte,[2] formando parte del

---

[1] Miguel de Unamuno y Jugo nace en Bilbao en 1864 y fallece en Salamanca en 1936.

[2] «Y es cosa sabida que todo género artístico espurio, falso, antiestético, acaba por morir de su propia exageración, acaba en mudo cinematógrafo». Manuel García Blanco (Edit), *Obras completas de Unamuno*, t. IX (Madrid 1958-1964).

grupo de intelectuales enemigos del cine, "cinematófobos" -en opinión de Baroja-, enfrentados a escritores defensores del mismo, "cinematófilos", como Valle-Inclán, Azorín o Benavente.

Aunque el autor ya la tenía en proyecto desde 1902,[3] Unamuno escribe *La tía Tula* en 1920, a los 56 años de edad, en una madurez, en palabras de Julián Marías, «que empezaba a anunciar ya una vejez temprana y enérgica, en la cual parecía tener prisa por instalarse», publicándose en 1921. Nos encontramos, por tanto, ante una novela elaborada, objeto de diversas correcciones y, quizás por ello, la protagonista no resulta tan influenciada por los valores ambientales. Curiosamente, la versión primitiva comenzaba con la muerte de Rosa, como en la película, pero Unamuno decide que «hay que empezar antes». No será la única de sus obras llevada al cine,[4] a pesar de su opinión desfavorable sobre esta posibilidad,[5] hecho que no ocurrirá hasta años después de su muerte.

El film, narrado con austeridad y sutileza, parte de una novela de la convivencia de la cual el cine toma asimismo la casa como núcleo aglutinador donde se entrecruzan tensas relaciones personales, lo que permite mostrar al espectador la sociología represiva y el amor "en negativo" a través de las vivencias de una mujer castellana magistralmente encarnada

---

[3] «Ahora ando metido en una nueva novela, *La tía*, historia de una joven que rechazando novios se queda soltera para cuidar a unos sobrinos, hijos de su hermana que se le muere». Carta al poeta catalán J. Maragall (3-11-1902). *Obras completas de Unamuno... op. cit.*

[4] De la obra unamuniana se han adaptado al cine: *Abel Sánchez (Abel Sánchez, historia de una pasión,* Carlos Serrano de Osma, 1946), *Todo un hombre (Nada menos que todo un hombre,* Rafael Gil, 1972), *Niebla (Las 4 novias de Augusto Pérez,* José Jara, 1975), *Dos madres (Acto de posesión,* Javier Aguirre, 1977)

[5] «Yo he escrito algunas novelas y cuentos y dramas que no creo que tengan nada de peliculables; pero si a algún cinematografista se le ocurriera sacar de alguno de ellos una película –que yo no iría a ver–, no creería que me debía más que un pintor que hiciese un cuadro representando a uno de sus personajes o escenas». *Obras completas de Unamuno... op. cit.*

por Aurora Bautista.[6] Heroína luchadora –*agonista*, según su creador–, mujer que se sacrifica por la familia, generosa, aunque para algunos estudiosos como Ricardo Gullón, tras la bondad de Gertrudis se halla "un monstruo agazapado".

Es *La tía Tula,* por tanto, una película de hogar, y a él acuden Ramiro y sus hijos, contrariamente a la novela, donde Tula se traslada a casa de Ramiro. Esta licencia cinematográfica permitirá al personaje femenino ejercer un mayor grado de dominio al controlar el espacio de su ámbito hogareño, epicentro del esqueleto unamuniano, entre una Rosa aún visible y una Tula enérgica unidas por el amor de Ramiro.

Y será a través de un cine de silencios –a la manera de Dreyer o Antonioni– como se plasmará la imposibilidad de amar por parte de Tula, personaje complejo, rico y contradictorio, repleto de sentimientos encontrados que presiente la sexualidad dentro de sí e intenta dominarla.

Esta negación del amor podría situarse en cualquier cerrada ciudad de provincias, (y que el director rueda en Guadalajara),[7] para exponer una cierta moral española, inmersa por entonces en un clima de represión y para ello se sirve, como hilo conductor, de las vivencias de una mujer existente en nuestro país.[8]

---

[6] Aurora Bautista nace, en 1925, en Castilla (Villanueva de los Infantes. Valladolid). Con *La tía Tula* se inscribe como intérprete de una figura femenina más humana, lejos de producciones de temática histórica o religiosa que con anterioridad le eran habituales (*Locura de amor* [1948], *Agustina de Aragón* [1950], *Teresa de Jesús* [1961], etc.). La actriz volverá a trabajar a las órdenes de Picazo en *Extramuros* (1985).

[7] Miguel Picazo nace en Cazorla (Jaen), en 1927. Afincado en Guadalajara, donde estudia Derecho, se traslada posteriormente a Madrid, y se diploma, en 1960, en la Escuela Oficial de Cinematografía, especialidad de Dirección.

[8] «Mi vivencia prolongada en la provincia de Guadalajara me había puesto en contacto con experiencias humanas similares a las del personaje del libro de Don Miguel. Mujeres que al tomar decisiones respecto al matrimonio, no las justificaban como el resultado lógico y natural de sus sentimientos más profundos, sino que venían condicionados por el entramado complejísimo de un mundo de valores éticos, familiares, morales y religiosos. La misma escala de valores que, en todo momento, afloran en la conducta del personaje creado por Don Miguel de Unamuno...»

El relato unamuniano nos introduce en la realidad de una historia de amor y muerte con personajes desorientados entre diversas trayectorias. Desde el enamoramiento («aquellas ansiosas miradas que les enderezaba Ramiro a Rosa y no a su hermana Gertrudis»), la unión entre Rosa y Tula («formaban las dos hermanas una pareja indisoluble y como de un solo valor»), o sus personalidades opuestas y complementarias («Rosa, flor de carne, abierta al goce. Gertrudis, los ojos tenaces, los que ponían en raya. Cofre cerrado que se adivina delicias secretas»), pasando por las relaciones de Rosa y Ramiro («que empezó a cuajar la soledad de Gertrudis»), su monotonía («corrían los días todos iguales»), la boda, los hijos, hasta llegar a la decidida determinación de Tula tras la muerte de su hermana («y ahora, Ramiro, a cuidar de estos»).

Si bien se omiten en el film los capítulos concernientes a estas descripciones, sus protagonistas logran transmitir al espectador dichas vivencias y caracteres con precisión por medio de un excelente registro interpretativo.

La película podría considerarse, pues, como el extracto de la novela adaptada a otra época, aunque perdura en ella, no obstante, la concepción global y la atmósfera de la obra literaria.

Picazo construye un film de guión maleable, melodramatismo contenido, sobria fotografía y minuciosa descripción ambiental fiel con los personajes, decorados y vestuario.

El film declarado de *especial interés cinematográfico* [9] abre,

---

[9] La Junta de Clasificación y Censura (como presidente José Mª García Escudero; vicepresidente, Florentino Soria; entre los vocales, José Luis Borau y Carlos Fernández-Cuenca), concede a *La tía Tula* la categoría de "Primera A" (19-2-64). Los representantes legales de *Eco Films* y *Surco Films* interponen un recurso de apelación para que, de acuerdo con la reglamentación vigente, concedan a la película la categoría "De especial interés cinematográfico" (que había ya sido rechazada por 11 votos contra 7).

El 7 de julio de ese año se reúne de nuevo la Junta (como vocales, Carlos Serrano de Osma, José Luis Borau, Jorge Tusell y Marcelo Arroita-Jáuregui, entre otros) y se procede a revisar la película aceptando, finalmente, la nueva clasificación (expediente nº 29.867 del Ministerio de Educación y Cultura).

en su primera secuencia, desde un exterior día en una calle de
la ciudad:

> El aire mueve las cintas negras de la corona. Apenas deja leer
> la inscripción escrita en letras de purpurina: "la Rama Femenina
> de... "; la corona cuelga de un trípode, como el de los encerados,
> pero más pequeño, que lleva un muchacho cubierto con una gorra
> de hule. El chico ha metido un brazo por el agujero de la A del
> trípode y el hueco redondo de la corona. Le asoman debajo un par
> de rodillas blanquecinas y sucias que se traban con las flores
> artificiales. Ha caído una lluvia menuda e insistente que ha durado
> hasta bien entrada la mañana. En la tierra del paseo se han formado
> unos charcos, donde se refleja la uniforme arquitectura del ensanche.

La muerte de Rosa, mujer de Ramiro y hermana de Tula,
nos es mostrada tan sólo a través del afligido rostro de ésta
última.

Una elipsis espacio temporal, sitúa ya a Tula en su devenir
cotidiano («esta tarde es el último rosario»), en una casa triste
donde contrastan los llantos de los hijos de Ramiro con las
canciones de niños que juegan en la calle.

A partir de esta secuencia, de manera concisa, y con una
planificación sobria, asistimos al día a día de Tula (misas,
sobrinos, primeras turbaciones al ver a su cuñado en camiseta),
en alternancia con penosas reuniones de mujeres solas, donde
el cura es la única presencia masculina («esta ciudad es cada
día más aburrida»).

Imágenes que reflejan, en suma, tanto una rutinaria forma
de vida como el reprimido comportamiento de Tula ante los
deseos de Ramiro («no quiero aguantar a ningún hombre»),
más allá de los consejos del director espiritual[10] («matrimonio
o marcharse. Salir del callejón sin salida en el que os habéis
metido»), y el amor explícito del cuñado («al principio, al

---

[10] En principio, el personaje del sacerdote que interpreta José Mª Prada, fue pensado
para Antonio Ferrandis.

veros, al ver a la pareja, sólo reparé en Rosa; pero al acercarme, al empezar a frecuentaros, sólo te vi a tí, pues eras la única a quien desde cerca se veía. De lejos, te borraba ella; de cerca, le borrabas tú»).

Se suceden estos insertos de quehaceres cotidianos alternados con la visita de Ramiro y su hijo al cementerio o la inhibición de Tula en el dormitorio de su cuñado («y abría de par en par las hojas del balcón diciéndose: "para que se vaya el olor a hombre"»), para seguidamente dejarse invadir por el rumor de la calle. La vida, en suma. Ante las insinuaciones de Ramiro, la turbación de la mujer frena el deseo al que ella misma se niega.

A partir de estos momentos, los acontecimientos se agolpan en la pantalla al unísono de los sentimientos de nuestros personajes («te quiero, tenemos que casarnos»), para concluir con un precipitado deseo de Ramiro («quien pone barreras al sentimiento») ante la confusión de sensaciones generadas en Tula («Gertrudis no le miraba casi nunca, entonces miraba al mar, pero en él, en el mar, veía reflejado por misterioso modo la mirada del hombre. El mar purísimo les unía las miradas y las almas. Gertrudis empezó a temer [...] en su alma se estaba desencadenando una brava galerna. Su cabeza reñía con su corazón y ambos, corazón y cabeza, reñían con ella»).

Este clímax de exaltación es trasladado secuencialmente al campo, en unas vacaciones repletas de sensualidad, que no hacen sino agravar la situación. («El campo, en vez de adormecer, no la pasión, el deseo de Ramiro, parecía como si se le excitase más, y ella misma, Gertrudis, empezó a sentirse desosegada»).

Juanita,[11] la prima, sufre el acoso de Ramiro. Embarazada, contrae matrimonio con éste, ante la inflexible actitud de Tula («cásate con ella y se acabó») y la indecisa rabia contenida de Ramiro («eres una santa, Gertrudis, pero una santa que ha

---

[11] En un primer guión, el papel de Juanita, que aquí interpreta Enriqueta Carballeira, iba a ser llevado a cabo por Julieta Serrano.

hecho pecadores»).

Se llega aquí al capítulo XIII de la novela, y con él a la última utilización de los textos por parte de Picazo. Para una primera versión, en la que Tula permanece sola ante la tumba de su hermana, en inútil espera de Ramiro y los niños que no acuden al cementerio, Picazo construyó el siguiente final:

> Cementerio. Exterior. Día. El día de los Santos llovió mucho. Las fosas abiertas eran pozos de agua embarrada. Los pábilos [sic]de las lamparillas navegaban, apagados en los vasos. Algunos se resguardan debajo del alero de la capilla.
>
> Bajo el paraguas, Tula extendía pedazos de plexiglás, sobre la tumba de Rosa para resguardar de la lluvia los ramos de crisantelmos [sic]...
>
> El agua que escurre por las varillas del paraguas le moja el brazo y le cae en canalillos por la manga del abrigo.
>
> A estas horas del mediodía es casi la única que permanece en el cementerio. Fin.

Definitivamente, el director optó por un final cinematográfico menos cerrado, situando a Tula en la estación, donde su cuñado y la nueva familia parten. En la despedida, aunque tarde, ella musita el nombre del que ya no posee: Ramiro.[12] Una mujer permanece sola en el andén ante un tren que escapa y el amor que huye.

Este film se consideró en su momento como la imagen crítica de la condición femenina. Al partir ese tren que se lleva a Ramiro y a sus hijos, Tula pierde también el tren de la vida. Permanece aprisionada, a la manera flaubertiana, en una laberíntica España, oscilando entre la contradicción de ser tía, sentirse mujer y una maternidad frustrada. Si en la novela el personaje femenino se caracteriza por la frigidez y la película se decanta más bien hacia el análisis de una represión sexual,

---

[12] En la versión definitiva, el acierto del director al presentarnos una Tula desvalida ante el andén, ignorante de sí misma y que toma ahí, cuando ya es tarde, sentido de lo que ha amado y perdido, susurrando el nombre del ser querido, aboca a un final más dramático y no por ello menos sutil.

el personaje masculino de Ramiro sí reúne, tanto en el texto como en la pantalla, idénticas características de debilidad, torpeza y pasividad.[13]

La película transcurre mayoritariamente en la casa,[14] en una acción casi claustrofóbica. Su escenografía y atrezzo (pasillos, muebles, objetos) son utilizados no como elementos decorativos sino como instrumentos para ofrecer una autenticidad ambiental; rodada en estudio,[15] sorprendió por su gran calidad lumínica en la simulación de ventanas y huecos. Los exteriores,[16] (paseos por calles y salidas al campo), son funcionales, acompañando la cámara a los personajes en movimientos subjetivos o bien utilizando encuadres fijos cuando la fuerza del diálogo así lo requiere: ejemplo de ello, la confesión de Tula en una secuencia repleta de palabras entrecruzadas entre ella y el cura, con un *tempo* que regula en justa medida rítmica la situación anímica de los personajes.

La película se rodó en 48 días;[17] con un presupuesto medio para la época,[18] llegó a recuperar su coste.[19]

---

[13] Carlos Estrada interpreta a Ramiro, aunque para un primer guión se barajaron los nombre de Lautaro Murúa y Jorge Mistral. Estrada, nacido en Argentina, intervino en numerosas películas (*La comparsita, Siempre es domingo, Júrame, Ensayo para la muerte,* etc.), consiguiendo en el film que nos ocupa, con férrea disciplina, hablar un perfecto castellano.

[14] La película se acorta entonces de 2 horas y 34 minutos a 1 hora y 50 minutos.

[15] En los estudios Ballesteros de Madrid se ruedan en 24 días 262 interiores, con construcción de decorados, escenografías y platós con un coste por valor de 1.103.500 PTA. Se trabajó con 474 extras de figuración (367 en Guadalajara, 77 en Madrid, 30 en Brihuega y un doble femenino).

[16] Los 296 exteriores se ruedan en Madrid, Guadalajara y Brihuega durante 24 días, con un presupuesto de 707.600 PTA.

[17] El rodaje se comenzó el 16-IX-1963 en Guadalajara (permiso de rodaje nº 107-63), con la autorización de un representante familiar del escritor, Fernando de Unamuno Lizárraga. Se finalizó el 16 de Noviembre del mismo año.

[18] Según informe del Ministerio de Información y Turismo, a través de la Sección de Créditos del Instituto Nacional de la Cinematografía, el coste del film se valoró en 5.595.700 PTA., que incrementado con el 20% de complemento, supuso un total de 7.736.336,40 PTA. (registro nº 646/18-2-64).

[19] Los honorarios de los actores oscilaron entre las 600.000 PTA. de Aurora Bautista a las 12.000 PTA. de la colaboración de José Mª Prada.

La Junta de Clasificación y Censura otorgó el "Mayores de 18 años", [20] pero los trámites para lograr la aprobación del guión sufrieron toda clase de vicisitudes debido a graves impedimentos por parte de algunos miembros, como Fernández Cuenca, Arroita,[21] Ponce de León,[22] García Velasco[23] o el padre Staehlin.[24] Y todo ello obstaculizado con un rotundo informe moral-religioso de la Comisión Censora:

> Guión de espoleta retardada, película con riesgos. No hacer propaganda de nuestro "original". D. Miguel, ya que si sólo dos de sus obras están incluidas en el Índice, también es verdad que el Santo Oficio puso en guardia contra los errores y peligros de sus restantes obras. No aprobar hasta después de finalizada. Que se corte toda insinuación visual en el informe de Juanita y que no se haga propaganda de la novela de D. Miguel. Todo el guión es una serie de intentos de violación de Ramiro con Rosa, Tula y su prima Juanita. Los niños se dan cuenta que existe algo anormal entre su padre y su tía. No hay valores positivos. Morbosidad y egoísmo es lo que respira todo su desarrollo.

[20] Tras sufrir las modificaciones acordadas por la Junta de Clasificación y Censura en los rollos 3-4-7-9 y 10 (sesión 17-2-64).

[21] «Abreviar plano del asalto del cuñado a Tula, cortando desde el momento en que ésta es empujada con la espalda en el quicio de la puerta» (5-5-62).

[22] «Que no se presente en un clima de ñoñería y ridiculez religiosa, de vaciedad y fariseísmo, no presentar a Tula como mujer reprimida, por contravenir la norma 14 de la censura. La película es desnaturalizada, tendenciosa. Achica y desplaza la película desde un tema humano hacia una política menor y anecdótica» (6-5-63).

[23] «Tesis: carece. Valor cinematográfico del guión: escaso. Valor literario: diálogos espontáneos y tono vulgar. La película resultará vulgar, aburrida y de un realismo amargo y tristón. Tula debe tratarse con la máxima dignidad, no dando ocasión a mostrarla como solterona piadosa o histérica. Las escenas del "atropello" por parte del cuñado deben modificarse, no debe verse sólo el factor puramente animal» (8-6-63).

[24] «No conozco la novela de Unamuno. Por eso ignoro si lo tendencioso es del original o de la adaptación de Picazo. Se debería refundir el guión para su aprobación, quitándole el carácter tendencioso de ñoñería y ridiculez religiosa. No dar tratamiento buñuelesco al tema» (31-5-62).

[25] «Un rayo de impecable luz en el mundo misterioso del alma femenina». «El alma ardiente y contradictoria de una mujer» (cuña radiofónica).«¿Puede ser pecado en una mujer el ansia de ser demasiado virtuosa?» (publicidad en prensa).

Pero el film, con un gran despliegue publicitario recibió una óptima acogida por parte de los medios de comunicación.[25] La película obtuvo en el Festival Internacional de San Sebastián (1964) los premios a la mejor dirección y a la mejor película de habla hispana.[26] La repercusión de esta obra cinematográfica fue notable en la crítica especializada, tanto en España como en el extranjero:[27] se batieron récords de permanencia en sus lugares de estreno,[28] siendo objeto de atención en congresos, universidades[29] y a través de diversos convenios.[30] La vigencia

[26] Picazo compitió con directores de la talla de Huston, Bolognini o Kazan. A partir del éxito obtenido en San Sebastián, la película se haría acreedora de diversos premios: mejor film extranjero de la crítica en New York (1965), Premios del Círculo de Escritores Cinematográficos al film, al director, Carballeira, Argüello y Prada; Premio del Sindicato del Espectáculo a Aurora Bautista, etc.

[27] «Unamuno está ahí. Grande, eterno, inamovible, vivo. Miguel Picazo ha ido hasta Unamuno y de su esencia españolísima ha arrancado la vida y el mundo de Tula» (Fernando Moreno). En América más de 6 periódicos dan publicidad del film a toda plana, con fotografías de los actores, fichas técnicas y artísticas y críticas especializadas, otorgando 4 estrellas a la película. Citemos entre ellos: *The New York Times* (3-6-65), *The New York World* (Crítica de Alton Cook, 3-6-65), *The New York Post* (Crítica de Archer Winsten, 3-6-65), *Diario La Prensa* de New York (4,6,8,9,10 de junio y 21 de septiembre de 1965).

[28] Desde la embajada de España en Washington, el consejero Jaime de Luzán comunica al Ministerio de Información y Turismo que la película ha batido récords de permanencia de un film hispano en New York, en el Teatro Art de Manhattan (notificación n° 4.777/21-9-65).

[29] La universidad americana de Vanderbilt, demanda a la Dirección General de Cinematografía y Teatro el permiso pertinente para proyectar *La tía Tula* dentro de los actos del Simposio Internacional a celebrar con motivo del Centenario de Miguel de Unamuno, bajo la dirección del profesor German Bleiberg, en la citada Universidad del 3 al 7-9-1964. Figura como socio de honor Ramón Menéndez Pidal. Entre los miembros del comité: Dámaso Alonso, Aranguren, Cela, Clavería, Ribbans, Russell, Strawinsky, Ungaretti, etc. (notificación n° 7.535/3-9-64). En el Ministerio de Información y Turismo se recibe escrito de Leo L. Barrow, director del departamento de lenguas románicas de la Universidad de Arizona, interesándose por el guión de *La tía Tula*, con la finalidad de publicar un libro de texto en colaboración con el doctor Bob Hammond, a publicar por la editorial Harcourt (26-1-66).

[30] A través de Imago Producciones S.R.L. de Argentina, la película *La tía Tula* fue vendida, entro otros a los siguientes países de habla hispana: Argentina,

de la película continua hasta nuestros días y nada mejor que
las palabras del propio Picazo como reflexión sobre su obra:

Tula es una mujer que no quiere casarse. No es un monstruo.
Es una mujer que mira a través de un prisma particular sus relaciones
con el hombre. Desde el principio vi al personaje en época actual,
pues he vivido en provincias y sé muy bien que en el plano de las
relaciones humanas, y dentro de una aparente normalidad, existen
condicionamientos que determinan a los personajes a comportarse
en la convivencia de una forma totalmente absurda en el siglo XX.
Lo terrible de Tula, no es que ella sea víctima de una sociedad
ridícula, sino que a su vez, ella perjudica al prójimo. Eres una santa,
decía Ramiro, pero una santa que ha hecho pecadores. Es una
mujer, nada más y nada menos, pero se trata de una mujer española.

Nada menos que toda una mujer entre el arte de filmar de
un cineasta y el oficio de escribir de un literato:

Así vivo, en flujo y reflujo, y escribiendo no para lograr gloria
ni *pour épater le bourgeois* sino para dominar pasiones, para acallar
impulsos.[31]

Chile y Uruguay (junto al film de Patino *Nueve cartas a Berta* (6-9-67/n°
2.560); Ecuador (25-9-65/n° 2.820); Perú (21-9-65/n° 2.822);
Colombia (21-9-65/n° 2.821); Bolivia (17-11-65/n° 5 6161-3498);
Venezuela (30-11-65/n° 6.436); Además el film fue comprado por Japón
(14-8-65/n°2.398) y Estados Unidos (junto a la película de Summers *Del
rosa al amarillo* (28-9-65/n° 5162-2850).
[31] Correspondencia de Unamuno con Ortega y Gasset (30-5-1906).

FICHA TÉCNICO-ARTÍSTICA

Producción: Eco Films y Surco Films (Madrid).
Año: 1964.
Nacionalidad: Española.
Género: Dramático.
Formato: 35 mm.
Fotografía: 3.246 metros de negativo (11 rollos). Blanco y negro, en procedimiento panorámico.
Duración: 114 minutos.
Estreno: 2-9-1964. Madrid. (La Universidad de Salamanca ya había realizado con anterioridad un pase público, en abril de 1964, durante los actos conmemorativos del nacimiento de Unamuno).
Distribuidora: *C. B. FILMS S. A.* (Expediente Nº 32.801 / 7-11-64).
Dirección: Miguel Picazo.
Guión: Miguel Picazo, Luis Sánchez Enciso, Manuel López Yubero y José Hernández.
Argumento: Basado en la novela *La tía Tula*, de Miguel de Unamuno.
Productores ejecutivos: José López Moreno, Francisco Molero y Nino Quevedo.
Director de fotografía: Juan Julio Baena.
Decorados: Luis Argüello.
Música: Antonio Pérez Olea.
Montaje: Pedro del Rey.
Sonido: Eduardo Fernández del Pozo.
Ayudante de dirección: Luis Sánchez Enciso.

Segundo operador: Hans Burmann.
Secretario de rodaje: José Hernán.
Jefe de producción: Antonio López Moreno.
Ayudante de producción: José Pernas.
Publicidad: Hugo Ferrer.
Fotofija: José Salvador.
Maquillaje: Carmen Martín y Manuel Martín.
Peluquería: Josefa Rubio.
Vestuario: Maruja Hernáiz.
Regidor: Antonio Ibáñez.
Sonido directo: Eduardo Fernández.
Ayudante de montaje: José Luis Peláez.
Ayudante de decorados: Tomás Fernández.
Estudios: Ballesteros (Madrid).
Laboratorios de revelado: Fotofilm S. A. (Madrid).
Laboratorios de sonido: EXA (Madrid).
Interiores y exteriores rodados en: Madrid, Guadalajara y Brihuega.
Película "Autorizada unicamente para mayores de 18 años" por la Junta de calificación y Censura del Ministerio de Información y Turismo (Dirección General de Cinematografía y Teatro. Expediente Nº 32.801).
Película considerada "De especial interés cinematográfico" (Expediente Nº 29.867).
Licencia nº: 19640912.

Intérpretes

Aurora Bautista (*Tula*), Carlos Estrada (*Ramiro*), Irene Gutiérrez Caba (*Herminia*), Laly Soldevila (*Amalita*), Mª Enriqueta Carballeira (*Juanita*), Mari Loli Cobo (*Tulita*), Carlos Sánchez (*Ramirín*), Manuel Granada (*Tío Pedro*), Montserrat Julió (*Paquita*), Chiro Bermejo (*Emilio*), Con la colaboración especial de: José María Prada (*Padre Álvarez*), Julia Delgado Caro (*Doña Cinta*), y Mercedes Jabardo, Josefina Fenol, Pilar Romero, Lola Marquéríe, Teresa Dressel, Juana Azorín, Ricardo Díaz, José Alonso, Fanny Maral, Miguel Armario, Emilia Zambrano, Paloma Lorena, Coral Pellicer, Esmeralda Adane, Margarita Calahorra y María Hevia.

BIBLIOGRAFÍA Y HEMEROGRAFÍA

GUBERN, R., "La tía Tula", en PÉREZ PERUCHA, J., (ed.) *Antología crítica del cine español* (Madrid 1997) 561-563.

GARCÍA JAMBRINA, L., "Cine y Literatura: dos ejemplos", *Clarín* n° 17 (Septiembre-octubre 1998).

ROF CARBALLO, "El erotismo en Unamuno", *Revista de Occidente,* 2ª época, XIX (1964).

Nuestro cine. n° 24. Guión de *La tía Tula.* (Madrid, diciembre 1963).

Nuestro cine. n° 31. Entrevista con Miguel Picazo. (Madrid, julio 1964).

Nuestro cine. n° 34. Escrito de Víctor Erice sobre *La tía Tula.* (Madrid, octubre 1964).

Cine estudio. n° 52. (Madrid, septiembre 1964).

Film ideal. n° 148 y 154. (Madrid).

Dirigido por.... n° 130. (Barcelona).

La generación del 98 y el cine. Ayuntamiento de Salamanca / Filmoteca de Castilla y León. (Salamanca, 1998).

LA BUSCA
de Angelino Fons

por

Mª Dolores Mejías Díaz

Mª DOLORES MEJÍAS DÍAZ es Licenciada en Ciencias de la Información, sección de Imagen Visual y Auditiva, por la Universidad de Sevilla. Imparte, desde el curso 96-97, la asignatura *Cine Español Contemporáneo,* en los Cursos Concertados con Universidades Americanas, que mantiene la Facultad de Filología de la Universidad de Sevilla. Master Universitario en Información y Documentación. Ha efectuado tareas de documentación para programas televisivos emitidos por Canal Sur Televisión. Investigadora de distintas parcelas del Cine Español, está basando su Tesis Doctoral en el estudio de la exhibición cinematográfica en Andalucía, desde puntos de vista socio-cinematográficos, centrando su interés en las exhibiciones al aire libre. Colaboró en el volumen: *Imágenes cinematográficas de Sevilla* (Sevilla 1997). En la actualidad es documentalista en Antena 3 TV de Andalucía.

LA BUSCA (1966)
DE ANGELINO FONS

Argumento

En España, a principios del siglo XX, se vivía un ambiente desgarrador, agrio y terrible. En ese momento histórico, Manuel, un adolescente, inicia su "lucha por la vida"; llega a Madrid del pueblo para vivir con su madre, criada en una pensión. Allí, también, trabaja Manuel como chico de los recados para ganarse el hospedaje; tras llegar tarde una noche, le despiden; la madre decide que se vaya a vivir con su tío, dueño de una zapatería donde conoce a sus primos, Vidal y Leandro; con aquél comienza a frecuentar el mundo de los golfos y de los barrios bajos madrileños.

Tras matar a su novia por un ataque de celos, Leandro se suicida mientras que Manuel y Vidal se marchan de la zapatería. Éste decide unirse a la cuadrilla de El Bizco, un golfo amigo suyo, al tiempo que Manuel recurre a un hombre poderoso a quien una vez favoreció. Después de sufrir muchos rechazos, el joven consigue trabajo en una tahona pero, tras el fallecimiento de su madre, dejará este empleo.

Estando en la pensión, Manuel conoció a Justa, una muchacha aprendiza de costurera, de quien se enamora; ella no confía en su porvenir.

Desengañado por la muerte de su madre y los celos que Justa le provoca, Manuel fracasará en su nuevo intento de reinserción laboral que le ofrece su primo Tomás. De nuevo en la calle, no encuentra otra salida y vuelve con Vidal y El Bizco. Rosa, la novia de Vidal, transforma las simpatías hacia Manuel en amor.

El Bizco y Vidal le proponen a Manuel un robo; él se niega a participar. El Bizco se burla del muchacho y le provoca. El odio contenido de Manuel hacia El Bizco se desata y ambos empiezan a luchar. El Bizco tropieza con la navaja de Manuel y cae muerto. Manuel queda desconcertado e impotente, mientras los guardias se acercan para apresarle.

Comentario

La acción transcurre en 1900. En esa época, en España, las condiciones político-sociales resultaban insostenibles: injusticia social, fuerte represión, grave inflación, etc... Esta situación provocó entre los artistas una actitud pesimista, una postura de rechazo y disconformidad con la sociedad y una sensación de angustia,[1] que Don Pío Baroja plasmará en la primera entrega de su trilogía *La lucha por la vida*, compuesta por *La Busca, Mala Hierba* y *Aurora Roja*. En ella el escritor agrupó sus novelas por primera vez y, a partir de ese momento, mantuvo dicha estructura como sello característico de su copiosa creación.

---

[1] Esta angustia es fruto del desencanto ante la vida y de no encontrarle un significado a la existencia humana. «Se trataba de una angustia tan filosófica como vital, y entre las consecuencias de la crisis de la fe en el racionalismo y el rechazo a sus consecuencias artísticas –el realismo– se cuentan un acentuado desdén por la observación de la experiencia y por el acto mismo de la observación, y un sentido del absurdo de la vida humana». BROWN, G.G., *Historia de la literatura española: el siglo XX (del 98 a la Guerra Civil)* (Barcelona 1987) 47.

Se distingue también el escritor por las posibilidades cinematográficas de su obra;[2] la temática de su primera trilogía resultaba idónea para la realización de un cine neorrealista, según los intelectuales que, en los años cincuenta, mantenían posturas cercanas al realismo social.

Pío Baroja, por su parte, ha intentado mantenerse ajeno al séptimo arte, manifestando que el cinematógrafo no ha influido en su novelística y que el cine no puede nutrirse de la literatura.[3]

A pesar de estas declaraciones, el propio escritor cedía el catorce de diciembre de 1955, por 20.000 PTA., los derechos de su novela *La Busca*, para su futura adaptación cinematográfica, a la señorita Flora Prieto Huesca,[4] a quien otorgó plena libertad para confiar la confección del guión a cuantas personas estimase conveniente.

El guión cinematográfico

Para la realización del guión, Flora Prieto contó con Angelino Fons, Juan Cesarabea y Nino Quevedo. El 9 de abril de 1966, los autores de la adaptación transfirieron los derechos de reproducción de *La Busca* a la sociedad productora *Surco*

---

[2] Según A. Pelayo: «A través de su vastísima obra pone en pie todo un mundo de personajes, de ambientes, que sólo necesitan pequeños retoques para su paso al celuloide». *Reseña: literatura, arte y espectáculos* n° 21 (Madrid 1968) 55.

[3] Siguiendo las conclusiones de Rafael Utrera en el volumen *Modernismo y 98 frente a cinematógrafo* (Sevilla 1981) 60, se puede afirmar que para Baroja: «el cine no puede nutrirse de literatura, que ésta no lo fecunda, que las grandes figuras literarias difícilmente podrán ser cinematográficas; el asunto puede ser cualquiera porque lo fundamental son los actores y operadores».

[4] Baroja cedía oficialmente los derechos de su novela bajo los siguientes términos: «He recibido de la señorita Flora Prieto Huesca, la cantidad de veinte mil pesetas (20.000) por lo cual queda autorizada para adaptar cinematográficamente mi novela *La Busca*. Dicha autorización como venta de mis derechos, a este exclusivo objeto tiene carácter de exclusiva perpetuidad y para todo el mundo. [...]». Expediente fechado, en Madrid, el 14-12-1955 (Ministerio de Cultura).

Films S.A., para la realización de una película de largo metraje con el mismo título de la novela y bajo la dirección de Angelino Fons. Dicha cesión se formalizó para la explotación mundial del filme, en todos los formatos cinematográficos, y para televisión.[5]

Tanto Fons,[6] como Quevedo, Prieto o Cesarabea fueron entusiastas lectores de Baroja. Sin embargo, la primera labor que realizaron con la novela fue de carácter destructivo, eliminando todo el material literario anexo a la historia de Manuel. Así, a grandes rasgos, el guión sólo coincide con la novela en tres grandes momentos: la llegada de Manuel a la pensión madrileña, la muerte de su madre y el encuentro con el bajo mundo de los suburbios de la capital al que se incorporará. Algunos relatos accesorios como la historia de la fortuna de Roberto, la vida del señor Custodio y personajes como las prostitutas de Cuatro Caminos o las hermanas de Manuel desaparecen en la adaptación cinematográfica.

Tras esta depuración, los guionistas realizaron una serie de correcciones ideológicas, ya que no les satisfacía la forma en que Baroja enjuiciaba las contradicciones de su época; tenían que denunciar de forma directa las circunstancias político sociales que rodeaban y amenazaban la vida del protagonista. Para no caer en la demagogia, dividieron la historia en cuatro partes y produjeron en torno a ellas un documental: la coyuntura histórica de la Restauración, el nacimiento del movimiento obrero moderno en España, la mitología ilusoria puesta a disposición de los desgraciados y el origen del fenómeno golfo.[7]

---

[5] Según consta en el documento que certifica la cesión de derechos fechado, en Madrid, a 9-4-1966 (Ministerio de Cultura).

[6] El director comenta que conoció la novela del escritor, casi en la clandestinidad, leyéndola furtivamente bajo las sábanas. Fons, A., "La Piqueta tras la cámara" en *Nickel Odeon: Revista trimestral de cine* nº 7 (Madrid 1997) 151.

[7] Cesarabea, J., "Once notas sobre el guión de *La Busca*", *Nuestro Cine* nº 55 (1966) 12.

Tras presentar el guión ante la Dirección General de Cinematografía y Teatro, la Comisión de Apreciación y Censura sólo realizó en el mismo leves modificaciones: la supresión de algunas palabras y frases malsonantes y el aviso para que se cuidase la escena del prostíbulo y las escenas ambientales[8] Además, dicha Comisión informó favorablemente para que catalogaran al filme, que sobre la base de este proyecto se iba a realizar, de "Interés Especial".

La película consiguió los máximos beneficios de esta catalogación consistente en un anticipo de subvención equivalente al cincuenta por ciento del coste comprobado, doble valoración a efectos económicos, de concesión de doblaje y por cuota de pantalla. Asimismo, la Comisión clasificó el filme como únicamente para mayores de dieciocho años.

Estaba previsto que comenzara el rodaje[9] el 11 de abril (1966) y continuara durante 52 días: 39 en exteriores, localizados en Madrid y sus alrededores, y 13 días en interiores. *Mundial Films* distribuiría la película en España, tras romper la productora varios acuerdos con otras distribuidoras, y *Columbia Films* en Hispanoamérica.

El director

Angelino Fons (Madrid 1936) abandona los estudios de Filosofía y Filología Románica para ingresar en la Escuela

---

[8] Dictamen de la Comisión de Apreciación y Censura reunida el día 30 de junio de 1965 (Ministerio de Cultura): «Autorizado con las siguientes adaptaciones: página 17: Cuidar la escena del prostítulo, página 57: Suprimir las palabras "cogolludo" y "moler", página 104: Suprimir la frase: "Se le cortan los riñones". En general se deberá cuidar la imagen y significación de las escenas ambientales y el comentario de las mismas».

[9] Este rodaje no estuvo exento de problemas, ya que el Sindicato Nacional del Espectáculo impedía que Angelino Fons dirigiese el filme por no estar inscrito en el Censo de la Agrupación Sindical de Directores. Tras inscribirse en dicha agrupación sindical, Fons pudo realizar su primer largometraje.

Oficial de Cinematografía, donde se diplomó, en 1963, con la práctica *A este lado del muro*, reveladora de un evidente temperamento cinematográfico. Crítico, escritor, poeta y colaborador en las revistas *Nuestro Cine, Cuadernos de Arte y Pensamiento*... Ayudante de Marco Ferreri en *El cochecito* y guionista en *Amador,* de Francisco Regueiro, *La caza, Pippermint frappé* y *Stress es tres tres*, de Carlos Saura, entre otros títulos. Se dio a conocer con el documental sobre la infancia *Garabatos*. Para Televisión Española también realizó algunos proyectos: *Granada y García Lorca* y *Fiesta en Santa Isabel*. En 1966 dirige *La Busca;* tras este filme ha realizado más de una decena de películas, algunas de las cuales son también adaptaciones literarias como *Fortunata y Jacinta* (1969) o *Marianela* (1972).

Fons destaca, en su ópera prima, por su madurez y temperamento cinematográfico. Para muchos críticos se trata de su película más lograda; no responde fielmente a la novela y se define como una adaptación libre: "versión cinematográfica libre inspirada en la novela del mismo título de don Pío Baroja".[10]

De la novela al cine

El filme comienza con un prólogo, fotomontaje con comentarios en *off,* que no aporta ningún valor dramático a la película, sino que cumple el objetivo de situarla históricamente. Fons concibió este prólogo como separación de las cuatro etapas de la obra: Manuel en la pensión, en el trabajo, en el hampa y su final. Además, justifica, desde el mismo, el fracaso en la vida del protagonista:

> En las calles estalló la que entonces llamaron *cuestión social.*
> Si alguno podía subir desde el mundo del trabajo al mundo de los

---

[10] El director incorpora este texto en los títulos de crédito del filme.

afortunados, muchos podían caer desde el mundo del trabajo al
mundo de la delincuencia. Expulsados de los pueblos por el hambre,
de sobra en las ciudades ya ocupadas, miles de emigrantes, de
desarraigados, formaban un ejército de miseria e ignorancia. Entre
los trabajadores y delincuentes había una zona mixta de mendigos,
prostitutas, golfos, vagos, raterillos. En este mundo se desarrolla
la historia de Manuel, un adolescente que llegó a Madrid, en donde
inicia su *lucha por la vida.* Para él, como para su patria, el futuro
era una mezcla de amenaza, incertidumbre y confusión.

El clima conseguido con esta introducción se rompe
bruscamente con el silbido y la imagen de un tren e,
inmediatamente después, aparece Manuel en escena. En la
obra literaria, sin embargo, se describe en primer lugar la
pensión de doña Casiana y los personajes que allí habitan. El
protagonista se presenta de forma indirecta y concisa; no se
cita hasta prácticamente el final del segundo capítulo.

El filme, con una narración lineal, revela una historia
personal e intimista, a la vez que denuncia un ambiente social
clasista, mísero y reprimido que envuelve la vida de Manuel.
Baroja, por su parte, no ordenó el relato a partir del
protagonista, sino que se interesó más por mostrar
determinados ambientes y personajes que de alguna manera
rigen el comportamiento del chico. Ese desorden argumental
le llevó a fragmentar la novela en tres partes de cuatro, nueve
y ocho capítulos respectivamente, donde algunos personajes
desaparecen de escena y reaparecen en capítulos posteriores.

Fons, al igual que Baroja, omite en gran medida las
referencias temporales: no existe puntillismo histórico, ni fecha
exacta, ni fiel reproducción de trajes, ni casi decorados...

No se reproduce una época determinada del calendario, ni un
barrio de Madrid o de las afueras, sino el tiempo-espacio poético,
mágico, creado en la obra de Baroja.[11]

---

[11] CESARABEA, J., *op., cit,* 12.

En la novela, las referencias espaciales a diferencia de las temporales son muy precisas, aunque no todos los espacios se describen con el mismo detalle; aquellos lugares con importancia vital para el protagonista se relatarán minuciosamente; así ocurre con la pensión de Doña Casiana o la casa del señor Custodio; otros, sin trascendencia dramática, se definirán esquemáticamente. Sin embargo, siguiendo esta lógica narrativa, resulta incomprensible que el escritor se detenga en presentar espacios sin relevancia argumental, como ocurre, por ejemplo, con la cuidadosa descripción del Corrralón.

A pesar de los distanciamientos con la novela, Baroja está presente en el relato cinematográfico:

> Si no su espíritu acérrimamente individualista e insolidario: si no sus ansias pequeño-burguesas de confort; si no su anarquismo agridulce y bonachón; sí al menos, su mirada atenta y lúcida hacia un cierto sector de nuestra sociedad; sí, por supuesto, ese dramatismo áspero, lleno de desgarro y de crudeza que palpitaba en las páginas de la novela.[12]

La ambientación del filme es aséptica, "barojiana"; se evita el casticismo aislando a los actores ante decorados desnudos, descampados, edificios en ruinas, etc. Resaltando, en esos fondos austeros, la constante aparición de determinados objetos, como ocurre por ejemplo con los botines, con cuya presencia, en escena, dedica el director un pequeño homenaje a Luis Buñuel.

Según el propio Angelino Fons con esta ambientación pretendía visualizar los grabados de Ricardo Baroja, hermano del escritor; por este motivo el filme se realizó en blanco y negro cuando técnicamente podía haberse filmado en color.

---

[12] García de Dueñas, J., "De la novela al film: fotomontaje de *La Busca* con textos de Baroja", *Nuestro Cine* nº 55 (1966) 25.

La música es un elemento que ayuda a potenciar este ambiente. Luis de Pablo ha compuesto una acertada banda sonora que describe los estados de ánimo del personaje y ayuda a incrementar los momentos de tensión.

Personajes y actores

Algunos críticos han censurado que Fons no señale acertadamente la transformación psicológica del protagonista, mientras que Baroja describe paulatinamente ese cambio; Manuel pasa de ser un adolescente indeciso y asustado a mendigo y ladrón; no es un golfo pero carece de voluntad para salir de ese mundo; intenta cambiar su destino, pero ante su inseguridad no luchará por conseguir un futuro mejor sino que, estrictamente, luchará por la vida.

Fons quería mostrar las dificultades en la vida de un adolescente de su época que no encuentra un trabajo definitivo y que deambula entre diversos contratos temporales.

Tanto en la novela como en el filme, los personajes masculinos y los femeninos no tienen sentido sino en relación con el protagonista. Baroja establece una estrecha relación entre vida honrada y mujer; este binomio se mantiene también en la película. La madre de Manuel, Petra, es la ligazón más fuerte mantenida por el protagonista para que su conciencia le retorne al buen camino; por ello cuando ésta falta, notará en gran medida ese vacío moral; además, cuando Justa le rechaza se integra definitivamente en el mundo de los desarraigados.

En general, tanto en la novela como en la película, los personajes femeninos carecen de ternura y capacidad para amar sinceramente. Su propia madre se muestra distante con Manuel; ella representa la regresión social; la llegada de su hijo en vez de ser una alegría se convierte en un problema. Paradójicamente, el mayor afecto lo recibirá Manuel de su relación con Rosa. Según Santos Fontenla, Rosa es uno de los pocos personajes claros del filme:

> [...] mientras que la madre con su resignación y su aceptación de todo lo que de más monstruoso le rodea, o Justa con su falsa delicadeza, su falsa dulzura, no son sino la contrafigura en siniestro, de lo que en Rosa es lamentable. Es Justa y no Rosa la verdadera prostituta, como es de Rosa y no de su madre de quien Manuel recibe únicamente un apoyo –por irrisorio que éste sea– y una apariencia al menos de auténtico amor.[13]

La importancia de este personaje se refuerza con la interpretación que Emma Penella realiza, manteniendo alta la cota de profesionalidad y demostrando un notable temperamento dramático. Con su actuación, consiguió el Premio a la mejor actriz por el Círculo de Escritores Cinematográficos. La contratación de Jacques Perrin se tuvo que justificar cuidadosamente por tratarse de un actor extranjero;[14] también obtuvo los laureles del triunfo materializado con la Copa Volpi, en el Festival de Venecia; se le ha reconocido sobre todo la interpretación realizada a través del movimiento corporal y se le ha criticado su semejanza con los personajes interpretados bajo las órdenes de Zurlini, habitualmente adolescentes con refinada educación, introvertidos y sensibles.[15]

La Busca, considerada por muchos como una de las más valiosas obras del llamado "Nuevo Cine Español", fue galardonada, en 1967, con la Carabela de Oro en la Semana

---

[13] SANTOS FONTENLA, C., "Camino de destrucción", en *Nuestro Cine* nº 55 (1966) 8.

[14] Desde Surco Films expusieron las siguientes razones: «que no existía en España un actor libre de contratación que representara la edad del protagonista, que Jacques Perrin era una actor de reconocida valía, cuyo aspecto físico, edad y calidad dramática encajaba completamente con el papel de Manuel y por último el hecho de ser extranjero suponía la apertura de mercados internacionales y por tanto ayudaría a la mayor difusión mundial del cine español».

[15] PELAYO, A., *op. cit.*, 57.

Internacional de Cine de Valladolid y con el Gran Premio del
Festival de Prades.

Con esta película, el concepto de "realismo" cinematográfico descubrió una nueva vía; Fons, al igual que los
compañeros recién salidos de la Escuela Oficial de
Cinematografía, perseguía una ambición: «abordar temas
viejos desde un prisma nuevo».[16]

Distintos epílogos coronan la trayectoria del protagonista;
Baroja le ofrece un halo de esperanza, mientras que en el filme
termina aplastado por la vida; una vida que en su lucha diaria
nunca llegó a dominar. Fons concibió la película desde el signo
de la destrucción; no podía ofrecer un final falsamente
optimista, paternalista y moralizante[17] como propone el
novelista. Por eso, en el último plano se subraya, de una forma
directa y brutal, el triste destino del protagonista; Manuel solo,
llorando, con miedo, aplastado por la vida, espera que los
guardias le atrapen; aguarda, en definitiva, su total destrucción.

---

[16] GUBERN, R., *Historia del cine español* (Madrid 1995) 309.
[17] CESARABEA, J., *op., cit,* 13.

FICHA TÉCNICO-ARTÍSTICA

Producción: Surco Films, S.A.
Nacionalidad: Española.
Año: 1966.
Duración: 90 minutos.
Color: Blanco y negro.
Dirección: Angelino Fons.
Guión: Juan Cesarabea, Flora Prieto, Nino Quevedo, Angelino Fons
Estudios: Ballesteros
Laboratorios: Fotofilm Madrid, S.A.
Sonorización: Estudios E.X.A.
Atrezzo: Mateos, Luna, Menjibar
Sastrería: Cornejo
Material eléctrico: C.A.I.S.A.
Efectos sonoros: S.Y.R.E.
Realizador decorados: Lega-Michelena.
Ayudante de dirección: José Luis Pérez de la Riva.
Secretario de dirección: José Miguel Hernán.
Segundo operador: Raúl Pérez Cubero.
Fotofija: Manuel Martínez Sueiro.
Ayudante de cámara: Salvador G. Calle.
Ayudante de producción: José Pernas.
Regidor: José Panero Sanz.
Ayudante de maquillaje: María Sánchez.
Ayudante de montaje: José Luis Anglés.
Sastra: María Hernáiz.
Auxiliar de dirección: Fernando Vidal.
Auxiliar de producción: José M. Agustinos.

Auxiliar de cámara: Julio Esteva.
Auxiliar de montaje: Rori Sáinz de Rozas.
Decorador: Adolfo Cofiño.
Maquilladora: Lolita Merlo.
Operador jefe: Manuel Rojas.
Montaje: Pablo G. del Amo.
Jefe de producción: Rafael Cuevas.
Secretario de producción: Ramón Crespo.
Productor ejecutivo: Nino Quevedo.
Distribuidora en España: Mundial Films.
Distribuidora en Hispanoamérica: Columbia Films.
Exteriores rodados en Madrid y sus alrededores.
Calificación oficial: mayores de 18 años.
Calificación moral: 3-R.
Depósito legal: M.10.167.-1966.
Intérpretes:
Jacques Perrin (*Manuel*), Emma Penella (*Rosa*), Sara Lezana (*Justa*), Hugo Blanco (*el Bizco*), Lola Gaos (*Petra*), Luis Marín (*Leandro*), José María Prada (*Panadero*), Coral Pellicer (*Milagros*), Fernando Sánchez Polak (*Tomás*), Cándida Losada (*Leandra*), María Bassó (*Carmina*), Daniel Martín (*Vidal*), Manuel Granada (*Sr. Ignacio*), José Carabias (*Expósito*), María de la Riva (*Dª Casiana*), José María Celdrán (*D. German*), Rafael Alcántara (*D. Norberto*), Nicolás Dueñas (*Ramón*), Francisco Camoiras (*Tabernero 1º*).

BIBLIOGRAFÍA Y HEMEROGRAFÍA

BAROJA, P., *La busca* (Madrid 1969).
CAMPOS, J., *Introducción a Pío Baroja* (Madrid 1981).
CARO BAROJA, P., (ed), *Guía de Pío Baroja: El mundo Barojiano* (Madrid 1987).
STRUCH TOBELLA, J., *La Busca* (Madrid 1988).
UTRERA, R., "La busca", en *Cine aquí y ahora* (Sevilla 1974).
      —*Modernismo y 98 frente a cinematógrafo* (Sevilla 1981).
ZUNZUNEGUI, S., "La busca", en PÉREZ PERUCHA, J., (ed.), *Antología crítica del Cine Español (1906-1995): Flor en la sombra* (Madrid 1997).

LA GUERRILLA
de RAFAEL GIL

por

RAFAEL UTRERA

RAFAEL UTRERA MACÍAS es Profesor Titular de Comunicación Audiovisual en la Facultad de Ciencias de la Información de la Universidad de Sevilla. Ha publicado los siguientes libros: *Modernismo y 98 frente a Cinematógrafo* (Sevilla 1981), *Escritores y Cinema en España: un acercamiento histórico* (Madrid 1985), *Federico García Lorca/Cine* (Sevilla 1986), *Literatura Cinematográfica-Cinematografía Literaria* (Sevilla 1987), *Homenaje literario a Charlot* (Extremadura 1991), *Claudio Guerin Hill. Obra audiovisual* (Sevilla, 1991), *Memoria cinematográfica de Rafael Porlán* (Sevilla 1992), *Azorín: periodismo cinematográfico* (Barcelona 1998). Ha editado *Imágenes cinematográficas de Sevilla* (Sevilla 1997) y *Gabriel Blanco* (Córdoba 1998). Ha colaborado en *Antología Crítica del Cine Español* (Madrid 1998) y en *Diccionario del Cine Español* (Madrid 1998). Socio fundador de la Asociación Española de Historiadores del Cine y de la Asociación de Escritores Cinematográficos de Andalucía, de la que ha sido presidente. Ha recibido los premios *Círculo de Escritores Cinematográficos* (Madrid), *Film Historia* (Barcelona), *Asociación de Escritores* (Andalucía), *Ensayo Europeo Villa de Perpiñán* (Francia) y *Mejor libro de autor andaluz* (1998).

LA GUERRILLA (1973)
DE RAFAEL GIL

Argumento

Los soldados de Napoleón asolan los territorios españoles y dan muerte a militares y civiles sin distinción. La Iglesia acepta la muerte del francés como un designio divino mientras el rey Fernando VII orienta las acciones de los patriotas. La guerrilla es una solución cuando la acción militar no llega a todos los rincones. El Tuerto, el Cura Medina, el Cabrero, son guerrilleros empeñados en salvar a su pueblo de la muerte y en expulsar al invasor. Mientras, en la retaguardia francesa, el general da órdenes al coronel Santamour para acabar con ciertos asesinos de franceses habitantes de determinado lugar.

En efecto, en una aldea castellana viven Juan, alcalde, Valentín, posadero y Eulalia, su esposa, la cual es amante del primero; Juana María, hija del matrimonio, no sabe que el alcalde es su verdadero padre. El coronel, nombrado Etienne, llega al pueblo; su primera acción, en presencia de Juana María, es salvar a un niño de morir ahogado; seguidamente, es invitado a cenar en compañía de Doña Sol, Don Alonso, el alcalde y el secretario del Ayuntamiento. La joven Juana es obligada a bailar por su padre natural para que exacerbe los instintos del francés quien, simulando la borrachera, se retira a su dormitorio. El coronel toma las armas mientras su tropa detiene a los asesinos.

El destacamento inglés se alía con el Cabrero mientras se celebra el juicio sumarísimo contra los españoles. Salomón es salvado de la horca para ser nombrado alcalde; uno de los dos prisioneros es indultado. Juana María y Etienne se declaran su amor y hacen planes de futuro. Tras conocer ésta su origen paterno, deja en manos de su madre la elección del liberado: Valentín se incorpora a la guerrilla mientras Juan se prepara para la horca. La ejecución es impedida por el Cabrero. Se libra una larga y cruenta batalla entre invasores y patriotas; muere el alcalde, en presencia de Valentín, y es hecho prisionero Etienne. Los guerrilleros son los salvadores del pueblo. Dora, la sirvienta infiel, paseada por la calle a lomos de un jumento, recibe el calificativo de "puta de los franceses". Juana María es elegida alcaldesa por un día; abre el baile con el Cabrero quien rememora su vida pasada y le declara su amor. Ella le anuncia que su amado es ahora su prisionero. El guerrillero prepara la huida de Etienne y la visita de éste a Juana María. La aldeana y el francés se besan. Etienne se incorpora al grupo de soldados condenados a muerte. Los ingleses presencian los fusilamientos. Juana María abraza el cadáver de Etienne.

La obra literaria (*)

El ciclo teatral de Azorín se inicia con *Old Spain*, en 1926, y termina con *Farsa docente*, en 1942. Entre ambas fechas, ha escrito o estrenado *Brandy, mucho brandy* y *Comedia del Arte* (1927), *Lo invisible* (1928), *Angelita* (1930), *Cervantes o la casa encantada* (1931) y *La guerrilla* (1936). La producción dramática del escritor se encuadra en lo que

---

* Para un mejor desarrollo de este apartado puede verse: R. UTRERA, *Azorín, periodismo cinematográfico* (Barcelona 1998)

podemos considerar, tal como ha hecho la crítica azoriniana, tercer periodo y se desarrolla cronológicamente próxima a la propia de la denominada "generación del 27". Propugnó una renovación escénica desarrollada paralelamente al movimiento surrealista y al auge del cinema mudo; uno y otro debieran tenerse presentes, según estima el propio autor, a fin de impulsar una eficaz renovación dramática

El componente esencial de la dramática azoriniana es, habitualmente, la contraposición de dos factores: *interioridad* y *exterioridad*; la antítesis consiguiente no siempre deviene en conflicto sino en funcionamiento complementario; por ello, la crítica ha echado en falta el primero y de ahí que la teatralidad de las piezas de Martínez Ruiz se presente con «enfrentamiento [...] pero sin drama».[1] Los elementos opuestos pueden ser, como en *La guerrilla, amor/muerte* en el contexto de la guerra; se trata de acceder a un mundo diferente donde el hombre pueda «identificarse con el yo deseado».[2] Guerra, amor, muerte son tres conceptos básicos en su funcionamiento discursivo. La presencia del tema bélico orienta hacia múltiple interpretación: no resulta extemporánea la lectura política; para Jorge Urrutia estamos ante una reflexión más de su autor sobre la esencialidad de España con un nuevo posicionamiento acerca de la antinomia *afrancesamiento / casticismo* y sus sinónimos *cultura / incultura*.[3]

La estructura de las obras dramáticas azorinianas está habitualmente organizada en tres actos aunque con frecuencia se amplía con principios y finales representables. En *La guerrilla* se ha servido de este número (el tercero en tres cuadros) seguido de un epílogo. En su estreno, resultó

---

[1] RUIZ RAMÓN, F., *Historia del teatro español*, t. 2, (Madrid 1971) 178.

[2] MARTÍNEZ DEL PORTAL, M., "Estudio preliminar", en *Azorín, Teatro* (Barcelona 1969) 16.

[3] URRUTIA, J., "Significación de *La guerrilla*", *Anales Azorinianos* n° 5 (1993) 284 ss.

aconsejable, a pesar de estar pintada la decoración y efectuada la puesta en escena, no escenificarlo; los deseos del autor no pudieron cumplirse al no poder ofrecerse el espíritu de irrealidad y abstracción. ¿Por qué Azorín no aconsejaría una proyección cinematográfica, complementaria a la representación, donde esta parte se mostrara filmada? La experiencia, llevada a cabo muchos años antes por Pedro Muñoz Seca y Gregorio Martínez Sierra,[4] no hubiera supuesto ninguna novedad pero, sin duda, habría dejado satisfecho al autor en su continua solicitud de un teatro fecundado por el cine.

La obra cinematográfica

En 1972 se llevó a cabo una coproducción hispano-francesa titulada *La guerrilla,* basada en la obra homónima del escritor de Monóvar, y subtitulada *de Azorín.* En efecto, el hecho de que ni su dramaturgia ni su novelística se hubieran llevado a la pantalla, impulsaron a la madrileña productora *Coral* y a la parisina *Universal Productions*, a organizar una "conjunción" (en terminología azoriniana) (Madrid, 20-6-1972) en la que el "grupo español" participaría con el 70 % y "el grupo francés" con el 30 % restante, con gastos de producción evaluados en 17 millones de pesetas.

Por lo que respecta a la propiedad intelectual de la obra original, el certificado de la Sociedad General de Autores de España documenta que Azorín vendió (según escritura de compra-venta otorgada ante el Notario de Madrid D. Enrique G. Arnau y Grau, con el número 3798 de su protocolo) a D. Julio Rajal Guinda (sobrino político del escritor) en "doscientas mil pesetas cuantos derechos le correspondían por su producción literaria, transmitiendo al comprador la plena

---

[4] UTRERA, R., *Escritores y Cinema en España: un acercamiento histórico* (Madrid 1985) 79 a 86.

propiedad de [...] las obras completas". Sin embargo, un documento (firmado el 21 de julio de 1972) del citado señor Rajal, diplomático de profesión, aclara que Azorín había autorizado efectuar la adaptación cinematográfica de *La guerrilla* (el 3 de noviembre de 1961) a los señores Rafael J. Salvia y Domingo Almendros; en el momento presente (1972), Rafael Gil, como productor cinematográfico, entrega en concepto de derechos de autor al propietario de los mismos la cantidad de 175.000 PTA. y se compromete a abonar 75.000 PTA. más cuando la película esté terminada. Rajal puntualiza que:

> el guión habrá de realizarse -conforme a la autorización concedida por Azorín en su día- por los dos adaptadores autorizados para ello, a los que antes se hacía referencia, o, por uno de ellos, por sí o en colaboración con un tercero, de acuerdo con lo que entre sí y con D. Rafael Gil convengan.

Administración y Censura

El expediente de la película (Ministerio de Cultura, nº 68579) permite comprobar los avatares de *La guerrilla* desde su adaptación literaria a su exhibición como película. La Comisión de Censura de Guiones (sesión de 17-5-1972) integrada por «D. Pascual Cebollada, D. Germán Sierra y el Rvdo. P. Eugenio Benito, acuerdan autorizar el guión aunque aconsejan suprimir "la palabra entrepierna" [...] y "no presentar a los españoles en exceso serviles y taimados...». En su segunda reunión (27 del mismo mes y año) asisten, además de los citados, D. Juan Mariné y D. Carlos Fernández Cuenca; para el primero, «con el correcto bien hacer de Rafael Gil puede resultar una buena película de aventuras y bien estudiada comercialidad»; el segundo aconseja cuidar «las escenas de la moza Dora refocilándose con los soldados franceses, para evitar excesos»; por su parte, el Padre Benito apostillaba:

«Sinceramente me parece flojísimo y que no aporta nada nuevo». En cuanto a la catalogación por edades, *La guerrilla* fue autorizada primeramente para «Mayores de 18 años y menores hasta 14...» (26-12-1972); la calificación definitiva le viene al filme por acuerdo unánime (19-1-1973) que la cataloga autorizada para mayores de catorce años y menores de esta edad acompañados. Algunos de los asistentes, señores Zabala, Benito, Álvarez, Marcotegui, Ruano, Merelo, Carnicero y González, no se privan de completar su informe con apostillas de la siguiente guisa:

> No me gustó el guión y no me gusta la película: ni es carne ni pescado, ni es patriótica ni es antipatriótica, ni es buena y sí es mala. No obstante no encuentro que esto pueda hacer daño (P. Benito).
> Comienzo patético. Recuerda nuestro cine de los 40, pero en tecnicolor. Aunque el tiempo ha pasado también sobre los viejos conceptos y hoy no pueden mantenerlos de pie ni los que ayer los defendieron. El patrioterismo está ¿cifrado? (palabra ilegible en el manuscrito original) por cierta condescendencia hacia el inveterado enemigo francés. Y el resultado es peor. ¿Cómo puede seguir planteándose la historia sobre el tópico de siempre...? (Firma ilegible).
> Película falsa, sin ningún rigor histórico, que no aporta nada al cine medianamente regular. Considero que no conviene que la vean menores por su deformación histórica (Marcotegui).

Por lo que respecta al solicitado "Interés especial" por parte de Rafael Gil, la Comisión de Apreciación (20-I-973) acuerda "por acumulación de votos" otorgar "una puntuación de Un Punto". La mayor parte de los asistentes no justificaba su informe pero tres de ellos anotaban sus opiniones de esta manera:

> No aporta nada al cine español. Bien contada, pero en un estilo anticuado. Fría. Sin emoción, no obstante el dramatismo del tema (Luis Gómez Mesa).
> No me ha gustado la película. Cine de ayer; sin garra ni interés ni novedad desde mi punto de vista. Creo que la concesión del I. E.

[sic] exige unas aportaciones que este filme no tiene (Manuel Andrés Zabala).

La película está fuera de toda protección por habérsele escapado de las manos al Director que en lugar de algo que, al menos, justificara el título, que sirviera de estudio y de divulgación de lo que fue la guerrilla y su importancia dentro de la guerra de la independencia (Firma ilegible).

A la vista de semejante catalogación, Rafael Gil escribe carta al Director General de Espectáculos (5-II-1973) solicitando la reconsideración de la "clasificación económica". La Comisión de la Junta de Ordenación y Apreciación (reunida el 31-III-1973) resolvió, por mayoría, «desestimar el recurso interpuesto por la casa productora y se ratifican en la concesión de Un Punto a efectos del Interés Especial».

La filmación de *La guerrilla* tiene lugar siendo ministro de Información y Turismo Alfredo Sánchez Bella. Dentro de los rasgos determinantes de la producción cinematográfica de la etapa en la que se rueda, las coproducciones alcanzaron un número elevado pero, en general, salvo contados casos, la alianza no obedecía a empeños culturales significativos. En esta ocasión, se esgrimió como pretexto cultural una forma de conmemorar el nacimiento de Azorín en su primer centenario; la coproducción, en este caso, parecía necesaria antes por razones industriales que estéticas.

El guión y los diálogos se debieron a la experimentada pluma del español Rafael J. Salvia y al francés Bernard Revon. En *La guerrilla*, la trangresión sufrida por la obra original, obligaba a establecer en los títulos de crédito el consiguiente «argumento inspirado en». Efectivamente, estamos lejos de lo que sería «la adaptación cinematográfica de una pieza dramática» por cuanto variantes e intenciones difieren de su precedente..

La dirección del filme asumida por el propio Gil, productor al tiempo, se alineaba en el tipo de películas cuyo rasgo

declarado suele ser "la fidelidad al original" literario.
Inmediatamente antes ha adaptado la unamuniana *Nada menos
que todo un hombre* (1971) y la galdosiana *La duda* (1972),
basada en *El abuelo*; tras acabar la homónima azoriniana,
filmaría la comedia de Lope *El mejor alcalde, el rey* (1973).
El realizador hace una personal lectura política de su obra
tanto por lo que defiende como por lo que rechaza. La valora
como «auténticamente pacifista (ya) que se plantea la guerra
y los horrores de la guerra con sinceridad»; y rechaza que pueda
ser entendida como un paralelo simbólico con la guerra civil:
«Sinceramente no. No lo pensé así».[5]

A pesar de inscribirse en los parámetros del cine comercial,
resultaba evidente que la oferta argumental y temática
manejada estaba lejos de atraer al espectador medio. Basta
comparar su oferta, patrioterismo trasnochado, conservadurismo ideológico, temática y situaciones caducas, frente
a lo ofrecido por las multiples variantes de las tres vías posibles
1ª) *Lo verde empieza en los Pirineos* [1973], de Vicente Escrivá
y *Experiencia prematrimonial* [1973], de Pedro Masó; 2ª) *Vida
conyugal sana* [1973] y *Los nuevos españoles* [1974], de
Roberto Bodegas; 3ª) *Ana y los lobos* [1972] y *La prima
Angélica* [1973], de Saura o *El espíritu de la colmena* (1973),
de Erice para comprender la frialdad del público a esta
modalidad tardía de "la españolada".

Sustituir el discurso existente en la tradicionalista
cinematografía española por el de autores como Azorín, Valle
Inclán y García Lorca sería como ofrecer una alternativa
novedosa y liberal a unos planteamientos marcados por el
conservadurismo. Algún hispanista ha aconsejado hojear la
colección *La Farsa*, donde precisamente se publica *La
guerrilla*; revisada por Manuel Rotellar, sus conclusiones no

---

[5] CASTRO, A., *Cine español en el banquillo* (Valencia 1974) 201. Puede verse
también: Blasco, J. J., "El autor y su obra. Rafael Gil habla de *La guerrilla*",
El Alcázar (20-X-1972).

pueden ser más elocuentes: «la *españolada* en nuestro cine no era sino un reflejo de aquello que se cocía en el teatro».[6] Con *La guerrilla* cinematográfica estamos, pues, ante un «fruto tardío». Y es que guionistas y realizador sólo han sabido ofrecer una fórmula cinematográfica cuyo agotamiento en su época era más que evidente; los procedimientos expresivos y las peculiaridades del mismo no hacían otra cosa que perpetuar, sin el menor atisbo de novedad, lo más trillado de un género ideológica y formalmente estructurado en la oposición "extranjero bárbaro, invasor, hereje" *versus* "español, civilizado, patriota, católico".

En nuestra obra, por más que Azorín titule a su drama *La guerrilla,* las implicaciones históricas de las partidas en el contexto de la revolución antifrancesa no tienen existencia en el original; ni siquiera el personaje de El Cabrero se hace presente hasta iniciado el tercer acto. Por el contrario, Rafael Gil explicita al espectador, mediante el diálogo de personajes, el funcionamiento, la procedencia, la composición, la ideología, etc, de la guerrilla, y, al tiempo, anticipa el personaje y las acciones de El Cabrero (Francisco Rabal) a los inicios del filme; además, amplía los grupos guerrilleros con las partidas de El Cura Medina (Luis Induni) y El Tuerto (Eduardo Calvo); con ello se aproxima a las versiones de la *españolada,* en sus variantes de bandoleros y guerrilleros, trenzado con la modalidad histórico-patriótica donde la Guerra de la Independencia es el eje sobre el que se inscribe la acción popular.

La guerrilla, estrenada el 16 de febrero de 1973, no respondió, comercialmente hablando, a las expectativas de sus productores. Ni la fotografía de un profesional como José F. Aguayo, ni la música de un veterano como el maestro Parada, ni la presencia de intérpretes como Francisco Rabal o de

---

[6] Rotellar, M., *Cine español de la República,* XXV Festival Internacional del Cine (San Sebastián 1977) 76 a 79.

secundarios tan certeros como Lola Gaos, Jesús Tordesillas, Fernando Sánchez Polack, entre otros, y, mucho menos, la desafortunada entrega de los principales papeles a La Pocha y Jacques Destoop, tan físicamente agraciados como profesionalmente inexpresivos y popularmente desconocidos, convirtieron el filme en un producto estéticamente nulo, a pesar de basarse en ilustre antecedente, e industrialmente raquítico, incluso tras haber sido distribuido por la Paramount, donde el nombre del dramaturgo se convertía en un glorioso desecho capaz de atraer sólo a incautos espectadores. ¿Qué hubiera pensado Azorín de haber visto "su" película? A Jorge Campos le declaró que *Orgullo y pasión* era muy mala y en paralelo a este filme dice de *La guerrilla*: «Yo estrené seis o siete obras que decían eran estáticas, y entonces dije: bueno, pues voy a hacer un melodrama...» y al tenderle el libro a su interlocutor exclama: «Esto no es un melodrama, ¿eh?».[7]

Los ejes sobre los que se desenvuelve el guión se acomodan a ciertas estructuras de la pieza dramática original pero otras, vinculadas especialmente al segundo acto y al desenlace, muestran diferencias sustanciales con ella: la salvación de Emeterio, el alcalde, y de Valentín, asumiendo Marcel la resposabilidad por amor a Juana María, se convierte en el filme, con un indulto en blanco, en la horca para Juan, el alcalde (junto a Don Alonso y el guitarrista), ya que Pepa María, enterada de quién es su verdadero padre, declina la responsabilidad de la elección en su madre; ésta salva a su marido legal condenando al mujeriego y despótico amante. El maniqueísmo de la película se evidencia en situaciones como éstas. La guerrilla se encargará de salvarles de la horca pero la batalla librada a continuación condenará definitivamente al tiránico alcalde a una muerte merecida según se desprende de la actitud pasiva y contemplativa llevada a cabo

---

[7] CAMPOS, J., *Conversaciones con Azorín* (Madrid 1964) 53.

por Valentín. Por otra parte, en el tramo equivalente al acto tercero, se lleva a cabo la salvación de Etienne por El Cabrero pero, en contra de lo que planea el guerrillero, la nobleza del militar francés le impedirá huir y, sin el menor atisbo de dubitación, se unirá a sus compañeros en el fusilamiento y la muerte.

El ilustre texto azoriniano ha pretendido ennoblecerse artísticamente, con una música apoyada en temas de Beethoven y Tchaikovski y con una selección de grabados de Goya, *Los desastres de la guerra,* que abren y cierran el filme para inscribir sobre ellos tanto los títulos de crédito como la palabra "fin"; por otra parte, alguna situación, la fabricación de la pólvora, y personaje, Dora (Charo López), la criada emplumada y castigada por actuar como "puta de los franceses", devienen en pictóricas secuencias de evidente inspiración goyesca. Los escenarios presentados en la obra teatral son abundantemente ampliados por la película: las decisivas actuaciones de la guerrilla tienen lugar tanto en los montes como en las inmediaciones del pueblo.

Los personajes recreados por los guionistas presentan algunas diferencias respecto del original; obviamente una ingente cantidad de secundarios permite responder a unas exigencias narrativas y escenográficas propias de una película descriptiva y comercial donde los hechos no están precisamente sugeridos sino planteados y desarrollados con nudos y desenlaces: así, las llamativas ausencias de Matacandiles y Libricos, con su sabiduría popular, frente a las significativas presencias de Don Alonso (Jesús Tordesillas), Doña Sol (Lola Gaos) y Dora (Charo López), junto a otros jefes de guerrilla como El Tuerto (Eduardo Calvo) y El Cura Medina (Luis Induni).

El personaje de Etienne (Jacques Destoop) ofrece algunas diferencias respecto de su antecedente literario; en el filme, su empeño en la búsqueda de los criminales lugareños contiene implicaciones personales por hacer justicia a su hermano asesinado y rescatar su cadáver; del mismo modo, su decisiva intervención en el salvamento de Paquito *el niño de la Felisa*, ennoblece su figura desde el principio y aporta connotaciones positivas tanto para el muchacho salvado de las aguas como para la bella lugareña Juana María, desde ahora enamorada; por demás, es el contrapunto individual a la colectiva y negativa actuación de la tropa a su llegada al pueblo: la catalogación del colectivo francés como asesino, profanador, incendiario, bárbaro, y, en antítesis, el personaje principal presentado como honorable, bondadoso, enamorado, comprensivo, salvador, etc. Por el contrario, el secretario del Ayuntamiento, Paco Salomón, está sometido por los guionistas a un tratamiento de severa comicidad que lo convierte en el menos noble de los españoles por ser alcalde zigzagueante al servicio de unos y otros. A su vez, los ingleses, inexistentes en el texto azoriniano, cobran acusada presencia y evidente significación: subditos de Jorge III, apoyan el levantamiento español en tanto enemigos de un Napoleón que tiene bloqueadas sus relaciones comerciales con el continente; por mor de éstas, el apoyo a El Cabrero, con la simbología de la espada regalada, es implícita alabanza al "¡Vivan las *caenas*!" del pueblo seguidor de "nuestro rey" Fernando VII.

Ideología

La ideología de la película se hace evidente en las conversaciones entre Etienne y El Cabrero; el militar francés pregunta qué defienden los españoles con tanto ahínco, «¿la Inquisición, un rey cobarde, los privilegios de los grandes de España e Inglaterra?» y añade que ellos ofrecen lo mejor de la revolución: «la igualdad, la libertad»; por su parte, el guerrillero español contesta que, con su actuación, defienden su independencia, incluido el «derecho de ser pobre», y recrimina

a su interlocutor imponer ideas por la vía de la violencia lo
que representa un «mal camino para vencer...y para convencer
peor»; los ecos unamunianos de la frase «venceréis pero no
convenceréis», dirigida por el rector de Salamanca a los
militares insurrectos del 1936, connota, con sentido ideológico
inverso, la oposición entre el patrioterismo contumaz y el
extranjerizante liberalismo igualitario.

No debe pasar desapercibida la identificación entre religión
y patriotismo; la escena del sacerdote catequista, luego
convertido en El guerrillero cura Medina (Luis Induni), es una
clase de catecismo patriótico donde los cristianos alumnos
aprenden que Napoleón es un enemigo proveniente del pecado
y los franceses, herejes; matarlos es obra meritoria que el rey
Fernando ordena y la Iglesia aconseja. La salvaje profanación
del templo y la destrucción consiguiente no deja lugar a dudas
a ojos de los azorados muchachos; Paquito quedará tan
sorprendido como agradecido a ese "diablo" bueno que le ha
devuelto la vida. Esta escena cierra un prólogo donde el
maniqueo planteamiento de los hechos dramáticos orienta al
espectador: españoles ahorcados, libros quemados, casas
incendiadas, templos profanados, invita a la legítima defensa
del pueblo asediado por el invasor. En una localidad de
trescientos vecinos, sus cuarenta y dos muertos obligan a la
justicia; Doña Sol (Lola Gaos) azuza al tibio y anima al patriota
a la misma acción que el cura inculcaba a sus jóvenes feligreses.

La lengua, española para nativos y francesa para invasores,
no es elemento diferenciador entre unos y otros; en el filme,
todos hablan la primera sin distinciones ni matices; para el
espectador, la comunicación entre personajes está asegurada
en un común español más o menos normativo; ni siquiera los
principales foráneos se expresan con dicción afrancesada. La
única utilización de la lengua extranjera tiene lugar en los
momentos previos al fusilamiento de los franceses, cuando
Etienne y sus soldados, a coro, cantan "A la claire fontaine".

El comentado epílogo de la obra dramática tiene específica y sutil representación cinematográfica; tras el apasionado encuentro de Etienne y Pepa María, en el dormitorio de ésta, un plano del exterior muestra la silueta del pueblo y la montaña recortándose sobre un fondo de claras tonalidades; el mismo plano se repite, fusilado ya el francés y en retirada los guerrilleros españoles, antes de que aparezca la palabra "fin" sobre grabado goyesco. La fotografía de ese amanecer, plástica combinada y antitética de tierra oscura y cielo claro, simboliza, de modo un tanto sui géneris, los deseos azorinianos de presentar un amor capaz de unir lo que la guerra separa.

Críticas y comentarios

La recepción de *La guerrilla* en la prensa diaria reunió los nombres del dramaturgo y del realizador; Miguel Rubio, en *Nuevo Diario,*[8] Pascual Cebollada, en *Ya,*[9] Pedro Crespo, en *Arriba,*[10] entre otros, se lamentaban del conjunto aunque advertían valores parciales; sin embargo, Lorenzo López Sancho, en *Abc,*[11] no escatimaba hiperbólicos elogios a la dirección y el comentarista de *El Alcázar*[12] valoraba la película como "fuerte, dura, violenta, en la que Rafael Gil se ha desenvuelto con su habitual pericia. Por lo que se refiere al comentario en revistas, fue escaso en cantidad y bajo en apreciación. Diego Galán[13] en *Triunfo,* agrupaba tres filmes de Gil para sentenciarlos desde el titular como simples "fuegos de artificio" y *Reseña*[14] reducía la mención al apartado "películas estrenadas", ofreciendo una breve ficha técnica sin

---

[8] *Nuevo Diario* (3-III-1973).
[9] *Ya,* (20-II-1973
[10] *Arriba* (20-II-1973).
[11] *Abc* (21-II-1973).
[12] *El Alcázar* (21-II-1973).
[13] "Galdós y Azorín, fuegos de artificio", *Triunfo* (1973) 46.
[14] EQUIPO RESEÑA, *Cine para leer, 1973, Historia crítica de un año de cine,* (Bilbao 1974) 248.

más explícito juicio. La excepción la constituye Julián Marías quien en *Gaceta Ilustrada*[15] y bajo el título "Azorín en el cine" estima que «la obra dramática es más simple y estática; la película, más *novelesca*, con más sentido de la aventura [...] oscila entre un episodio nacional galdosiano y un romance fronterizo».

En el catálogo de la Exposición dedicada al realizador en el madrileño Centro Cultural Conde Duque (noviembre-diciembre, 1997), *Rafael Gil. Director de Cine*[16] Fernando Alonso Barahona inscribe *La guerrilla*, dentro de la filmografía de su autor, en el apartado "empeños de prestigio", que empezaría con *Rogelia* (1963) y terminaría con *Olvida los tambores* (1974); el conjunto lo estima «un trabajo más que notable que revela cómo su autor era capaz de enfrentarse a una cinta de aventuras con la misma energía que lo hiciera veinte años antes en *Aventuras de Juan Lucas*» y donde «interesa remarcar el sentido objetivo que emana toda la película, sin sombra de patrioterismo (o *chauvinismo*, en lengua francesa) y expresando en todo momento las razones y motivos de cada uno de los dos bandos, franceses y españoles»; en el texto, apasionada defensa del cine de Gil, se ofrecen otras opiniones tanto del propio realizador como de críticos o historiadores sobre la película.

---

[15] "Azorín en el cine", *Gaceta Ilustrada* (11-III-1973).
[16] ALONSO BARAHONA, F., "Rafael Gil", en *Rafael Gil.Director de Cine*, Catálogo de la Exposición en el Centro Cultural Conde Duque (Noviembre-diciembre 1997), (Madrid 1997) 99, 100, 236, 283 y 284.

FICHA TÉCNICO-ARTÍSTICA

Nacionalidad: Hispano-Francesa.
Pr: *Coral Producciones Cinematográficas.* Madrid. *Universal Production France.* París. 1972.
Argumento.: Inspirado en *La guerrilla*, de Azorín.
Guión: Rafael J. Salvia y Bernard Revon.
Música: Manuel Parada sobre temas de Beethoven y Tchaikovski.
Decorados: F. Lamothe.
Jefes Pr.: Mariano de Lope y León Zuratas.
Maquillaje: Adolfo Ponte.
Montaje: José Luis Matesanz.
Ambientación: Eduardo Torre de la Fuente.
Ay. Direcc.: Luis G. Valdivieso.
Ay. Produc.: Jesús Narro y José Ángel Santos.
Meritorio Direcc.: Benito Rabal.
Segundos Operad.: Eduardo Noé, Fernando Espiga y Ricardo Poblete (2ª unidad).
Script: Pedro Pardo.
Regidor: Juan Clemente.
Foto-fija: Manuel Martínez.
Ay. Cámara: José Antonio Hoya.
Aux. Cámara: José Luis Criado.
Peluquería: Conchita Cano.
Ay. de Maquillaje: Luis Criado.
Aux. de Maquillaje: Juan Luis Farssal López.
Ay. Decoración: Miguel Gómez.
Ay. Montaje: María Luisa Ocaña.
Maestro de armas: Joaquín Parra.

Ténico de Sonido: José Mª San Mateo.
Laboratorio: Fotofilm Madrid S.A.
Estudios: Roma S.A. Madrid.
Sistema de Sonido: Westrex.
Vestuario: Humberto Cornejo.
Atrezzo: Vázquez Hermanos
Efectos Especiales: Amobaq S.A.
Construcción Decorados: Juan García.
Carruajes y caballos: Fernando López.
Distribución: Paramount
Exteriores rodados en La Alberca y Buitrago
Duración aproximada: 87 minutos.
Calificación moral del Estado: Mayores de 18 años.
Calificación moral de la Iglesia Católica: 3-R. Mayores con reparos.
Fecha y local de estreno en Madrid: 16, Febrero, 1973, Cine Palafox.
Premios: - *Círculo de Escritores Cinematográficos* a la interpretación de Fernando Sáncho. *Sindicato Nacional del Espectáculo* al Mejor Equipo Artístico. Edición videográfica: *Major Producción Video.*
Reparto:
Francisco Rabal (*Cabrero*), Jacques Destoop (*Etienne*), La Pocha (*Juana María*), Fernando Sancho (*Juan*), Rafael Alonso (*Salomón*), José Nieto (*Valentín*), Benoit Ferrou (*Gilles*), Eulalia del Pino

(*Eulalia*), José Mª Seoane
(*General Foy*), Charo López
(*Dora*), Luis Induni (*Cura
Medina*), Lola Gaos (*Doña Sol*),
Jesús Tordesillas (*Don Alonso*),
José Orjas (*Viejecillo*), Edy
Biagetti (*Archibald*), Fernando
Sánchez Polack (*Santiago*),
Eduardo Calvo (*Tuerto*), Fabián
Conde (*Lucas*), Alejandro de
Enciso (*Capitán Hans*), Vidal
Molina (*Clemos*), Fernando
Expósito (*Paquito*), Simón
Arriaga (*Jiboso*), Frank Braña
(*Sargento I*), Gonzalo Esquirox
(*Sargento II*), Javier Rivera
(*Párroco*), Rafael J. Salvia
(*Banquero*), Abelardo Gutiérrez
(*Oficial* enlace), Antonio Ross
(*Edecan*), Enrique Moya
(*Ordenanza*).

BEATRIZ
de GONZALO SUÁREZ

por
VIRGINIA GUARINOS

VIRGINIA GUARINOS, Doctora en Ciencias del Espectáculo y en Ciencias de la Información, es profesora del Departamento de Comunicación Audiovisual y Publicidad de la Universidad de Sevilla. Además de haber sido guionista de televisión en programas infantiles y culturales, ha colaborado en revistas y pronunciado conferencias sobre sus temas preferentes de investigación. Dichos temas giran en torno a la narrativa radiofónica, el teatro y los medios de comunicación, la mujer en el cine o el cine británico. Es autora de los libros de ensayo y crítica *Teatro y televisión* (1992), *El teatro en tus manos* (1995), *Miradas de mujer* (1996), *Laurence Olivier* (1996), *Teatro y cine* (1997), *Radio fin de siglo* (1998), *Alicia en Andalucía. La mujer andaluza en el cine* (1999) o *Kenneth Branagh* (1999) y de las obras de creación *Balada en blancas y negras* (1992), *Como todos los días* (1992), *Reality theatre* (1995) y *El teatrillo de Julia* (1998).

BEATRIZ (1976)
DE GONZALO SUÁREZ

Argumento

Juan es un hombre que nos cuenta, a modo de recuerdo, sus últimos días vividos en el pazo familiar, siendo niño, antes de ser trasladado a Santiago de Compostela donde vivirá con sus tíos. Aquellos últimos días fueron inquietantes y terribles. Juan, con unos nueve años, vivía con su madre, doña Carlota, condesa viuda de Aguiar, y su hermana adolescente, Beatriz, cuando, jugando un día en el bosque, contempló la llegada a los alrededores de un fraile y cómo una partida de bandidos lo atacaban y aquel hombre de la Iglesia, sorprendentemente, se defendía a espada matando a algunos de ellos y arrancándole la oreja a uno de los cadáveres en particular y guardándola en un zurrón. Al poco tiempo, fray Ángel apareció en su casa pidiendo comida y cama a cambio de sus trabajos en el jardín. En ese momento comenzaron los problemas, pues su hermana Beatriz entró en una especie de trance permanente, arrebatada por no se sabe qué extraño sortilegio que el niño asocia a la llegada del enigmático fraile.

Paralelamente, Basilisa, doncella de doña Carlota, ante la enfermedad de su hijo recién nacido, acude a una saludadora del lugar a pedir que le salve la vida al bebé a cambio de algún encantamiento. La anciana le recomienda que coja la oreja cortada que el fraile dejó en su puerta y la coloque en el interior de la almohada de quien ella quiera que reciba el mal demoníaco de su hijo. Así lo hace en la almohada de la señorita Beatriz, por poco tiempo, ya que el gato negro de la señorita extrajo la oreja y se la llevó nadie sabe a dónde.

Tras unos días de posesión demoníaca de Beatriz, que más parece ser atracción carnal entre ella y el fraile, y pasadas algunas peripecias anecdóticas como el ataque de los bandidos del bosque al pazo y el contacto sexual entre la condesa y Máximo Bretal, el estudiante que da clases particulares a Juan, todo vuelve a la normalidad con la desaparición del fraile, la recuperación de Beatriz y del niño de Basilisa y la marcha de Juan a casa de sus tíos en Santiago.

Comentario

Beatriz se estrenó el 6 de diciembre de 1976 en Madrid,[1] época en que las adaptaciones literarias proliferaban en las producciones españolas.[2] Sin embargo, la relación con la literatura que pueda tener este filme sobrepasa la simple aparición en una lista junto con otras películas por ser un guión adaptado, en este caso de dos cuentos de Ramón María del Valle-Inclán. Su conexión literaria es mucho más estrecha porque su director, Gonzalo Suárez, además de realizador es

---

[1] Sin embargo, el documento de solicitud de comienzo de rodaje está fechado en 30-I-1976, con intenciones de comenzar a rodar el 23 de febrero durante aproximadamente treinta y cinco días. Así figura en el expediente del Ministerio de Cultura correspondiente a la película: n° 84.009, C/77.804.

[2] Otras adaptaciones fueron *Tristana* (1969) de Buñuel, adaptando a Galdós, *La Celestina* (1973) de Fernández Ardavín, adaptando a Fernando de Rojas, *La lozana andaluza* (1976) de Francisco Betriú, adaptando a Francisco Delicado, *El buscón* (1974) de Luciano Berriatúa, adaptando a Quevedo, *Tormento* (1974) de Pedro Olea, adaptando a Galdós.

escritor. Este dato nos obligará a observar la obra fílmica
Beatriz desde diversas perspectivas: desde su consideración
como adaptación cinematográfica, desde la creación de un
novelista, y desde el momento histórico de aperturismo del
cine español. No obstante, la película es extraña en los tres
frentes; como adaptación, recoge el espíritu y parte de los
personajes y tramas de acción de dos cuentos que son
independientes entre sí, no es una adaptación respetuosa al
uso; como obra de un literato, no podemos olvidar que fue un
encargo a un Suárez mucho más personal en el resto de su
obra fílmica; como película española de su tiempo, muestra
un erotismo primitivo y tímido pero sin querer convertirse en
un simple reclamo pícaro de taquilla.

Con tantos motivos de controversia era de esperar que esta
cinta fuera mejor recibida por el público que por la crítica,[3]
aunque no tanto como otras que compartieron cartelera en
España en estos años. Recordemos que la competencia
española fue importante en aquellos finales de los 70. A esos
tiempos de pluralidad creativa en el cine español pertenecen
Pim, pam, pum, fuego (Pedro Olea, 1975), *Las largas
vacaciones del 36* (Jaime Camino, 1976), *Mi hija Hildegart*
(F.Fernán-Gómez, 1977), *Camada negra* (1977), *Sonámbulos*
(1977) y *El corazón del bosque* (Gutiérrez Aragón, 1978), *El
diputado* (Eloy de la Iglesia, 1978), *Siete días de enero*
(J.A.Bardem, 1978), *Cría cuervos* y *Furtivos* (1975), de Saura

---

[3] *Beatriz* contó con una recaudación de 49.148.797 PTA., seis millones más que la
anterior película de Suárez, también una adaptación, *La regenta* (1974). Se
pueden localizar las críticas del estreno en los siguientes diarios: *Arriba*, 8
de diciembre de 1976, crítica de MARCELO ARROITA-JÁUREGUI bajo el título
"*Beatriz*: la lucha entre el cine y la literatura", *Ya* (10-XII-1976), crítica de
PASCUAL CEBOLLADA. *Diario 16*, 8-XII-1976, crítica de CARLOS SEMPRÚN
MAURA, titulada "Gato por liebre". Tampoco gustó mucho a la Comisión de
Apreciación de la Junta de Calificación y Apreciación de Películas del
Ministerio que le denegó el calificativo de "interés especial" por considerarla
"floja y sin dirección", según figura en el expediente citado en la nota nº 1.

y Borau, *Pascual Duarte* (Ricardo Franco, 1976*), El desencanto* (1976) *y A un dios desconocido* (1977), ambas de Jaime Chávarri. En esta madeja donde ya huele la libertad que se avecina surge *Beatriz*, obra de un casi desconocido con diez obras realizadas y vinculado a la escuela catalana, aquélla que buscaba la experimentación y la vanguardia y que dicen los libros que estaba compuesta por Jaime Camino, Vicente Aranda, José Luis Font, Pedro Balañá, Jacinto Esteva, Carlos Durán y José María Nunes.

Pero, como luego demostrará en los largometrajes que ha realizado desde entonces hasta hoy, Suárez es por encima de escuelas, de modas, aperturismos y taquillas, un autor personal.[4] Con las siguientes palabras lo define Fernando Trueba y así resume ciertamente la esencia del realizador:

> La filmografía de Gonzalo es la historia de un interminable combate con la infraestructura y la técnica cinematográfica por conseguir la libertad expresiva. Ni en los momentos en que más atento estuvo a estrategias comerciales perdió el norte de este rumbo. Gonzalo no ha dejado de ensayar nuevos caminos, a veces

---

[4] La filmografía de este ovetense, Gonzalo Suárez Morilla, nacido en 1934, lo coloca en puestos de productor, director, guionista, autor adaptado e intérprete. Ninguna de estas facetas debe extrañarnos, ya que además de haber sido periodista deportivo, especializado en boxeo, fue actor de teatro y radio, lo que le permite interpretar en *Ditirambo, El extraño caso del doctor Fausto, Al diablo, con amor, A contratiempo* y en *¿Qué he hecho yo para merecer esto?* Comenzó a escribir cuentos, relatos y novelas de entre los que destacan *De cuerpo presente, Los once y uno, Rocabruno bate a Ditirambo, El asesino triste, Ciudadano Sade...*, de lo que tampoco es de extrañar que su primer contacto con el medio cinematográfico fuese su contribución como guionista, en 1966, en *Fata Morgana* de Vicente Aranda. En su filmografía como director destacan: *Epílogo* (1984, Director y guionista), *Remando al viento* (1988, Director y guionista), *Don Juan en los infiernos* (1991, Director y guionista) y *Mi nombre es sombra* (1996, productor, director, guionista y autor adaptado). Ha dirigido para televisión *Los pazos de Ulloa* y un episodio de *La mujer de tu vida*. También es responsable del documental sobre la dictadura argentina llamado *El lado oscuro*. Puede consultarse más sobre ello en *Cinemedia*, CDRom sobre *Historia del cine español*, Canal Plus (Madrid 1997).

con mucho riesgo, aunque todas sus obras tienen algo de personalidad creativa [...] Es muy difícil hablar de sus películas sin hablar de sus libros. Probablemente también es muy difícil lo contrario. Y, conociendo a Gonzalo, resulta aún más difícil hablar de lo uno o de lo otro, o de ambas cosas, sin hablar de él. En pocos artistas la aventura personal y creadora van tan parejas, son tan inseparables. Hasta el punto que yo diría que son la misma cosa. Sin embargo, de nada está Gonzalo más lejos que del *auteur* que se mira a sí mismo y se autoimita. Al contrario, ha intentado siempre huir de sí mismo, reinventarse, recrearse y reencarnarse. Intentando romper su estilo, cambiar su sello y mudar su tono. Intentando ser otro, pero condenado irremisiblemente a ser él.[5]

Intentando buscar ese «ser él», se plantea al curioso y al analista el reto de encontrar en *Beatriz* la fuerza de un autor que está sometido a un encargo, a una censura, a una comercialidad y a la fuerza de otro gran autor, el adaptado Valle.

El autor adaptado: un intratable Valle

No ha tenido muy buena suerte Valle-Inclán al ser adaptado en el cine español;[6] las películas que de su obra se encuentran, además de ser escasas, no han alcanzado la calidad fílmica obligada que merecería el autor, posiblemente por aquello que el propio Suárez dice: «Vivo o muerto, Valle es intratable». Y no deja de ser curioso que uno de los autores literarios que más fama tiene de "cinematográfico", por el alto sentido visual

---

[5] Recogido en el libro de JAVIER HERNÁNDEZ RUIZ, *Gonzalo Suárez: un combate ganado a la ficción* (Madrid 1991).

[6] La filmografía española sobre Valle se reduce a los títulos de *Sonatas* (1959) de Juan Antonio Bardem, *Flor de santidad* (1972) de Adolfo Marsillach, *Beatriz* (1976) de Gonzalo Suárez, *Luces de bohemia* (1985) de Miguel Ángel Díez, *Divinas palabras* (1986) y *Tirano Banderas* (1993) de José Luis García Sánchez, además de las versiones para televisión de *Águila de Blasón*, de José Antonio Páramo (1974), *Sonata de estío*, de Fernando Méndez-Leite (1982), *Sonata de primavera*, de Miguel Picazo (1982) y *La infanzona de Medinica*, de J.Font-Espina, sobre un poema incluido en *La pipa de kif.*

que concede a sus obras teatrales y narrativas, no haya encontrado todavía el realizador español que transforme en imágenes cinematográficas contundentes esas sugerentes imágenes mentales que sus obras evocan. En este caso, el resultado tampoco es distinto a los anteriores. Sirva de disculpa la dificultad que puede entrañar la adaptación de dos cuentos que en sí son independientes uno de otro. No se trata de la adaptación de ninguna de sus obras mayores, por llamar de alguna manera a su obra más conocida, y quizá por ello se pueden encontrar errores en algunas críticas y artículos a propósito de cuál es el origen literario de esta película.

Valle-Inclán, en sus comienzos, escribió cuentos y novelas cortas de una clara vinculación modernista todavía, donde aún no se perfila su estilo característico. Dichos cuentos y novelas se encuentran recogidos en dos colecciones: *Femeninas* (1894) y *Jardín umbrío* (1905). En ésta última hay dos novelas cortas que corresponden a los nombres de *Beatriz* y *Mi hermana Antonia*.[7] Tomando elementos de una y de otra se escribe el guión de la película que se llamará *Beatriz*, que como dice Gonzalo Suárez, «se le puso nombre, pero, por tratarse de película bastarda, no apellido. Se llamó *Beatriz*». Este juego malintencionado de nuestro realizador está basado en su malestar ante el trabajo de encargo y así lo afirma:

> Mi encuentro con Valle, en el contexto de un encargo cinematográfico de aviesa intencionalidad comercial, resultó

---

[7] Las ediciones más recientes de estos textos, ignorados casi por completo en las historias generales de la Literatura española, son *Femeninas*: edición de JOAQUÍN DEL VALLE-INCLÁN (Madrid 1992) y *Jardín umbrío. Historias de santos, de almas en pena, de duendes y ladrones*: edición de MIGUEL DÍEZ RODRÍGUEZ (Madrid 1994). Y dentro de ésta última *Beatriz*, pp.89-103 y *Mi hermana Antonia*, pp.119-135. Es la edición que manejamos a la hora de cotejar el texto fílmico con el literario, luego todas las páginas que se citen corresponderán a la introducción de DÍEZ RODRÍGUEZ o al propio espacio textual de las novelas.

particularmente insidioso. A la insidia en cuestión se le puso nombre.
El mismo nombre de un relato de *El jardín umbrío*. La propuesta
tomaba el relato como pretexto y a Valle como excelsa referencia,
por eso, se le puso nombre, pero, por tratarse de película bastarda,
no apellido.[8]

Rosarito (1895), *Beatriz* (1900), *Mi hermana Antonia*
(1909), tres nombres de mujer, son las tres novelas cortas de
esta colección *Jardín umbrío* (1920), cuyo título ya expresa
en sí mismo el tinte enigmático, misterioso, propio del tono
modernista al que pertenecen las primeras creaciones
valleinclanescas, desprovistas aún de todo aire noventaiochista,
pesimista o esperpéntico, a lo que se sumará un delatado origen
gallego, como su autor, por la temática y por las descripciones
de paisajes y ambientes, además de por los galleguismos
léxicos, desaparecidos luego en los diálogos de la cinta
cinematográfica. Estas tres novelas cortas son las mejores de
Valle, según la crítica, y poseen características comunes puesto
que son historias satánicas, propias de las ancestrales
supersticiones gallegas, localizadas las dos primeras en pazos
de ambiente rural, y la tercera en Santiago. En la primera época,
el novelista, según Díez Rodríguez:

> [...] es dueño y señor de una prosa modernista, muy poética y
> estilizada, volcada sobre sí misma, en la que destacan el uso
> acertadísimo del lenguaje figurado, la adjetivación enumerativa y
> la expresividad de las comparaciones e imágenes. Pero lo más
> sorprendente de su estilo es la musicalidad y el ritmo armónico
> conseguido.[9]

El primer título de *Beatriz* fue *Satanás*, enviada a un
concurso en 1900 al periódico *El liberal*, que no le concedió

---

[8] GONZALO SUÁREZ, "Beatriz, una reflexión ni cóncava ni convexa", en AAVV:
Valle-Inclán y el cine (Madrid 1986), cuadernillo editado con ocasión de los
actos de celebración del cincuentenario de Valle, entre el 20 y 3-V-1986) 44.
[9] Edición citada, 27.

el premio por espeluznante y escabrosa. El 23 de marzo de 1901 se publicó ya con el título definitivo en la revista madrileña *Electra* y paso a la colección *Corte de amor* en 1903. Beatriz es la hija adolescente de una condesa que vive en un pazo y es aparentemente poseída por el Demonio. Se descubre que, en realidad, es un hombre de la Iglesia el que posee a la muchacha pero carnalmente. Gracias a una saludadora llamada por la señora para hacer un conjuro, termina la historia con la muerte en extrañas circunstancias del fraile, que aparece ahogado en el río.

Mi hermana Antonia se publicó la primera vez en la colección "Cofre de sándalo" (1909). Los años que separan la anterior de ésta hacen de ella una pieza literaria de diferente estética, menos decadente. Narrada en primera persona, como la película, cuenta la historia de una joven, de buena familia, que vive en Santiago con su hermano pequeño, relator de los hechos, y su madre. La adolescente es acosada sexualmente por un estudiante, Bretal, que parece ser la encarnación del Diablo, cuya atracción hace que llegue a desaparecer tras él. Termina el cuento con la muerte de la madre, que parece absorber, en su instinto protector, el maleficio de la hija, haciéndose cargo de los descendientes la abuela. Lo religioso, erótico y diabólico se condensan en esta obra, que, según la crítica[10] es «la mejor novela corta de las escritas por Valle-Inclán y, desde luego, para el lector de hoy la más interesante».[11]

---

[10] La bibliografía sobre la narrativa corta de Valle es escasa. Pueden consultarse, además de las ediciones ya citadas de las dos colecciones, los siguientes trabajos: Luis T.González del Valle: *La ficción breve de Valle-Inclán. Hermenéutica y estrategias narrativas* (Barcelona 1990). *Introducción a "Jardín umbrío"* (Barcelona 1992). Antonio Odriozola, "Cuadro sinóptico de los cuentos y novelas cortas de Valle-Inclán recogidos en libros", en *Grial*, 32 (Vigo 1971) 211-215. Rosa Alicia Ramos, *Las narraciones breves de Ramón del Valle-Inclán* (Madrid 1991). Eduardo Tijeras, "El cuento en Valle-Inclán", *Cuadernos Hispanoamericanos*, n° 199-200 (1966) 400-406.

[11] Edición que manejamos, 34-35.

El autor adaptador: un insatisfecho Suárez

Tejiendo elementos de uno y otro cuento surge el guión de Suárez y Moncada. El trabajo, a resultas de lo visto en la película, no debía ser fácil, ya no sólo por la intratabilidad de Valle, sino también por las imposiciones que todo encargo conlleva y, al tiempo, la voluntad de hacer permanecer algo propio del realizador en la cinta. El propio Gonzalo Suárez lo vio de este modo:

> Vivo o muerto, Valle es intratable. Precisamente su genio radica en la irreductibilidad de su carácter. Y es su carácter la herramienta con la que distorsiona la imagen, haciéndola suya, sometiéndola al cincel de la palabra con intolerante ferocidad. No hay autor menos propicio a la componenda cinematográfica. Valle se basa en Valle. Cualquier aproximación a su obra es sólo eso, aproximación. Merodeo. Vana ilustración. Superflua disgresión. No hay espejo para el espejo.[12]

Y si el trato cinematográfico con Valle resulta incómodo a nuestro director, no lo fue menos el trabajo sobre el guión de Moncada, a propósito de lo cual confesaba Suárez:

> El guión de Moncada era absolutamente de terror, con toda la parafernalia típica de aquellos años; yo cambio el guión, retomo el cuento y hago una película más de ambiente que de terror. De todas formas el clima inquietante que desprendía la historia me gusta, no me es ajeno ni estoy haciendo nada contradictorio con lo mío, aunque me incomoda la cuestión de si es típicamente gallego y toda la parte costumbrista. Yo creo que la película adolece, como pasa con *Morbo* o *La loba y la paloma*, de falta de trabajo en el guión, debía haberlo elaborado más y hacerlo más denso; es un guión insuficiente.[13]

Y, efectivamente, como veremos más tarde, la ya escasa película (85 minutos),[14] más breve podría haber sido, puesto

---

[12] Del artículo de Suárez ya citado, 44.
[13] En entrevista personal con Javier Hernández, citado, 254.
[14] Equivalente a nueve rollos y dos mil quinientos metros de película.

que son muchos los momentos en los que la inactividad incomoda al espectador, inactividad que no se ve rellena por otros elementos de contenido visual o auditivo que concentren la atención, y todo ello aderezado por profundos silencios que colocan al espectador ante el desconcierto de no saber si se encuentra ante una película sesuda o sencillamente aburrida.

El resultado de tan amargo proceso no fue una adaptación, entendida al uso, sino más bien una inspiración que recogiera elementos de trama, de personajes y acciones, y, sobre todo, el clima valleinclanesco de ese momento de su producción literaria, cercana a Suárez en su amor por lo misterioso, más que lo esperpéntico, por el realismo mágico que flota en sus trabajos cinematográficos posteriores, especialmente en las películas más recientes, así como en su obra literaria.

En cualquier caso, resulta triste pensar en cómo un realizador con personalidad no profundiza en un guión, no lo hace suyo, no lo siente propio al tratarse de un encargo de miras comerciales, hecho que nos devuelve a la realidad de que todo artista cinematográfico también pertenece a un engranaje industrial. Más aún si consideramos que Gonzalo Suárez es un experto adaptador o constructor de películas inspiradas en personajes o mitos literarios, condición que alcanza, a buen seguro, gracias a su propia faceta de escritor.[15] Sin embargo, a pesar de sus declaraciones sobre Valle, a pesar de sus declaraciones sobre el guión casi impuesto de esta

---

[15] En sus declaraciones a la prensa realizadas a propósito de la publicación de *La literatura* (1997), recopilación de breves escritos suyos, confiesa estar harto de que cada vez que estrena una película digan de él que es un gran escritor y al revés. Efectivamente, en la *Historia del cine* de ROMÁN GUBERN (Barcelona 1989), cada vez que se le cita es referido como «el novelista Gonzalo Suárez». Pero lo cierto es que este autor está relacionado con la literatura además de como adaptador de textos de otros, también como adaptador de los suyos propios, e incluso una novela suya fue llevada al cine en 1965, *De cuerpo presente,* por Antxón Eceiza, y más tarde, en 1969, fue adaptado también por Vicente Aranda en *Las crueles.*

película, encontramos otras posiciones escritas de Suárez que
lo colocan, como todo artista, ante el horror de la página en
blanco, ante el horror del comienzo de la obra cinematográfica:
el guión. Dice Gonzalo Suárez:

> No distingo entre literatura y cine. En realidad, me gustaría
> hacer cine con la misma inmediatez que la literatura. Es decir,
> prescindiendo de ese proceso que odio y que es la adaptación.
> Además, dentro de mí hay una vocecita que me dice que la
> adaptación no es necesaria.[16]

A pesar de todo, este único acercamiento de Suárez a Valle,
adolece precisamente de esa falta de trabajo del guión, piedra
angular, punto de partida sólido del que parte un filme, cuestión
que el realizador ha demostrado sobradamente saber hacer, y
en especial con los cuentos, como afirma Nuria Vidal, quien
decía, con ocasión del estreno de *El detective y la muerte*, que
«Gonzalo Suárez sabe muy bien que para hablar de la realidad
es mejor no hacerlo de forma directa, sino a través de la
parábola o el cuento».[17]

Sin querer incurrir en justificaciones de ningún tipo, lo cierto
es que *Beatriz* supone un momento muy especial en la trayectoria
del cineasta. Compartimos la idea de Javier Hernández en lo
que se refiere a que «las tres películas que Suárez realiza durante
este período de cambios políticos –*Beatriz*, *Parranda* y *Reina
Zanahoria*– ponen en evidencia el conflicto que vive el autor
entre la adecuación a fórmulas que garanticen una salida
comercial y la fidelidad a sus propias convicciones artísticas.
Esta transición se decantará hacia lo último con *Reina
Zanahoria* tras el fracaso comercial de su largometraje anterior,

---

[16]   Citado en *Cinemedia*, CDRom, Canal Plus, procedente de una entrevista
       realizada para el diario *El País* en 1980, sin datar.
[17]   En *Fotogramas*, nº 1812 (X-1994), a propósito del estreno de *El detective y la
       muerte* (1994), basada en el cuento de HANS CHRISTIAN ANDERSEN, *Historia
       de una madre*, 16.

el máximo compromiso que podía ofrecer a la industria.[18] Y precisamente esta segunda vía ha sido la que mayor reputación le ha dado al director, que a partir de los años 80, ha visto recompensada su labor incluso con premios de prestigio.[19] No obstante, dicen los libros que esta obra última suya posee una mayor «vocación internacional», yo diría mejor, no españolizante, que se observa en *Remando al viento* (1988) – rodada originariamente en inglés–, *Don Juan en los infiernos* (1991), *La reina anónima* (1992), *El detective y la muerte* (1994) y *Mi nombre es sombra* (1996). Su posición ante este tema también la ha dejado bien clara:

> No hay que circunscribirse a un tipo de cine que hemos homologado como español. Yo hice *Parranda* que obedece a los cánones del cuchillo y la boina, pero creo que eso cuando se vuelve casi un enfoque de marketing es inquietante. Que una película con tricornio sea más aceptable en Cannes, que el estereotipo español sea una herencia del XIX... además es una falacia. Yo no he tenido una infancia rural y un alto porcentaje de españoles tampoco. ¿Por qué esta redundancia en temas que están limitando nuestras posibilidades? No hay que plantearse hacer cine español porque, maldita sea, va a ser español de todos modos. Lo que hay que hacer es cine en España.[20]

Sin duda, esta *Beatriz* costumbrista, pertenece a esa España de boina, aunque gallega, muy alejada del Suárez de hoy. Con

---

[18] *Op.cit.*, 251.
[19] *Epílogo*: Premio de la juventud a la mejor película en el Festival de Cannes (1984), Premio del jurado a la mejor película del Festival de cine, tv y vídeo de Río de Janeiro (1984). *Remando al viento*: "Goya" al mejor director de la Academia de Ciencias y Artes Cinematográficas de España (1988), "Concha de plata" al mejor director en el Festival de cine de San Sebastián (1988); "Fotogramas de plata" a la mejor película de la revista española *Fotogramas* (1988). *Don Juan en los infiernos*: Mejor contribución técnico-artística en Europa Cinema 91 (1991), Premio Nacional de Cinematografía del Ministerio de Cultura (1991).
[20] Recogida en el libro de Javier Hernández, 64.

esta *Beatriz* «olvidable»[21] y olvidada, nadie ha sido más duro
que su propio autor. Al amparo del reclamo erótico de Carmen
Sevilla y Nadiuska y de la moda satánica nacida con *El
exorcista*, el Real Decreto de 11 de noviembre de 1977, que
supuso la abolición definitiva de la censura, parece no haber
afectado a esta película, generosa en momentos de desnudos
y contactos carnales entre personajes, probablemente porque
la mano censora se encontraba ya relajada durante todo el año
1976.[22] Aun así, contó Suárez con la imposición de los actores,
el otro punto débil de la película, poco creíbles en sus
respectivos papeles, por mucho que la Lotus diera al realizador
la libertad de cambiar a la actriz primera destinada a hacer de
Beatriz (Beatriz Galbó) por Sandra Mozarowsky.

Personajes de palabras y personajes luminosos

Guión, interpretación de actores, transformaciones de
personajes que en sí son de otro modo en los cuentos de Valle
o no existentes, nos llevan a adentrarnos en la maraña oscura
de la comparación cuento-filme. Hablar de actores y de
personajes nos introduce también en el análisis de la narración
en general. Y el único modo de sistematizar un poco lo
encontrado en el filme obliga a repasar personaje a personaje.

---

[21]   AAVV: *Historia del cine español* (Madrid 1995) 364.
[22]   No obstante, sobre el guión escrito se recomendó a la productora eliminar las
       escenas de desnudos y las palabras soeces. Más tarde, ya sobre la película
       terminada, en un documento fechado el 15-VII-1976, el jefe de la Sección de
       Apreciación y Calificación de Películas del Ministerio de Información y
       Turismo remite el acuerdo de la Comisión que obliga a la productora a
       «suprimir desnudo de Beatriz al ser vestida por su madre» (rollo 7) y «suprimir
       los planos más exhibicionistas de Nadiuska en la violación y después de
       ella» (rollo 9). Así fue tomada en cuenta la "recomendación" y contestada
       por la productora Fonofilm Madrid el 29 del mismo mes.

El de Beatriz procede como tal del cuento *Mi hermana Antonia*, puesto que el encantamiento de una joven huérfana de padre y con un hermano existe en éste y no en el otro relato. Sin embargo, la localización del personaje en un pazo y no en Santiago pertenece a *Beatriz*. Y la seducción por parte de un fraile, también, mientras que Antonia es seducida y poseída por un estudiante. Por lo demás, el cuerpo de la actriz Mozarowsky podría haber encajado bien en la representación de la adolescente si no hubiera sido por la interpretación estática y sobreactuada a ratos, además del declarado peinado y maquillaje típico de las películas de los años 70 que sobresalen de la caracterización finisecular que posee el entorno. Bien es cierto que la descripción de Valle tampoco recoge nada lo bastante físico como para restringir la apariencia material del personaje en la pantalla. En boca de su hermano queda descrita en la obra de Valle *Mi hermana Antonia* del siguiente modo:

> La recuerdo bordando en el fondo de la sala, desvanecida como si la viese en el fondo de un espejo, toda desvanecida, con sus movimientos lentos que parecían responder al ritmo de otra vida, y la voz apagada, y la sonrisa lejana de nosotros; toda blanca y triste, flotante en un misterio crepuscular, y tan pálida, que parecía tener cerco como la luna...[23]

Ni qué decir tiene que el misterio emanado de estas palabras valleinclanescas, (como la conmiseración despertada por el personaje en el lector), nada tienen que ver con el personaje de luces y sombras, información y sensaciones literarias perdidas tanto visual como auditivamente, puesto que el narrador de la película, su hermano, tampoco recoge en el *off* ninguno de estos parlamentos. Hay que añadir el forzado cuerpo desnudo aparecido en un arrebato de quemazón interior provocada por el encantamiento, cuando la joven se quita la ropa en el intento de desprenderse del Maligno.

---

[23] Edición citada, 122.

Algo mejor conseguida está la figura de la madre, no sin conllevar algunos elementos sorprendentes. La condesa viuda de Aguiar es interpretada por Carmen Sevilla, quien, parece ser, dio el nombre de Suárez como director de la película. Aparece esta mujer sobria, vestida de negro y lujosamente enjoyada, en claro contraste con las ropas blancas de su hija y con la pobreza y deterioro de las viejas del lugar. Parca en palabras, sus diálogos no ofrecen un acento andaluz que justifiquen el añadido del comienzo de la obra donde el niño especifica que su madre era andaluza y que nunca se acostumbró a las brumas norteñas. Posiblemente, para curarse en salud por el acento de Carmen Sevilla, este elemento colabora a la construcción de una relativamente joven viuda andaluza amargada e incomprendida en Galicia. Mujer de ciertos deseos reprimidos que termina sucumbiendo al encuentro sexual con el estudiante que da clases particulares a su hijo. Su lugar en la acción de la película es difícil de determinar, puesto que no realiza verdaderamente ninguna acción. Entiende que algo le pasa a su hija pero el maleficio cae por su propio peso. No llama a la saludadora ni intenta arreglarlo de ningún modo. No actúa.

Frente a esta condesa del celuloide, la de Valle aparece dos veces, una en cada cuento. En *Beatriz* es la persona que activamente procura que el fraile abandone el lugar y que recaiga sobre él el hechizo. En *Mi hermana Antonia* es la que muere, consciente del mal de su hija. Las diferencias se acrecientan, fuera del papel actuante del personaje como rol, en lo que se refiere a entidad física, como persona. En *Beatriz* se describe así a esta mujer:

La suave Condesa suspiraba tendida sobre el canapé de damasco carmesí... rezaba en voz baja, y sus dedos, lirios blancos aprisionados en los mitones de encaje, pasaban lentamente las cuentas de un rosario traído de Jerusalén.[24]

---

[24] Edición citada, 91.

Frente a esta condesa, la nuestra aparece con guantes, siempre ocultando la ausencia de algunos dedos, lo que nos lleva a recordar su procedencia del personaje perteneciente a *Mi hermana Antonia*.

Y en *Mi hermana Antonia* resulta descrita del siguiente modo:

> Yo la sentía suspirar hundida en un rincón del gran sofá de damasco carmesí, y percibía el rumor de su rosario. Mi madre era muy bella, blanca y rubia, siempre vestida de seda, con guante negro en una mano, por falta de dos dedos, y la otra, que era como una camelia, toda cubierta de sortijas. Esta fue siempre la que besamos nosotros y la mano con que ella nos acariciaba. La otra, la del guante negro, solía disimularla entre el pañolito de encaje, y sólo al santiguarse la mostraba entera, tan triste y tan sombría sobre la albura de su frente, sobre la rosa de su boca, sobre su seno de Madona Litta.[25]

Ni uno ni otro personaje se parecen en el talante a la condesa del filme. Esos lirios blancos, esa mano como una camelia, su boca como una rosa, y ese ademán lánguido que la sitúa sobre el sofá de damasco carmesí configuran una imagen decadente y modernista que no se parece en absoluto a la mujer estricta de la película, si se quiere, más "lorquiana".

La tercera y última mujer del filme es Basilisa la Galinda, doncella de la condesa, mujer joven y lozana interpretada por Nadiuska, generadora del conflicto. Basilisa tiene un hijo recién nacido enfermo y es la que acude a la vieja saludadora en busca de un conjuro. No aparece esta figura como tal en ninguno de los dos cuentos. Y el escaso punto de referencia que podemos encontrar nos desconcierta; la descripción que se nos da en *Mi hermana Antonia* es la siguiente:

---

[25] Edición citada,123.

> Basilisa la Galinda, una vieja que había sido nodriza de mi madre,
> se agachaba tras la puerta [...] de arrugas negras como tiznes.[26]

El protagonismo narrativo que adquiere este personaje, apenas presente en el cuento, y la relevancia del cuerpo de Nadiuska para encarnarlo, generoso también en algunas escenas eróticas -como un intento de violación por parte de los bandidos del bosque cuando asaltan el pazo-, supone alcanzar elocuente visualidad en la película. Sin embargo, gana en vistosidad lo que pierde en espíritu valleinclanesco, puesto que la vieja Galana es un personaje reiterado en los relatos de Valle, donde suele aparecer como locutora de esos cuentos gallegos típicos de meigas y de ánimas; ni siquiera falta su toque autobiográfico, pues la llamada Galanucha fue la nodriza del autor, quien siempre gustó de estos relatos tradicionales de brujas y encantamientos.

La "componenda cinematográfica" de los personajes masculinos tampoco resulta fácil en la adaptación de los cuentos a esta película. Son tres también los hombres: el niño, el fraile y el estudiante. Los bandidos de Lorenzo el Quinto son un añadido a la obra original, que, suponemos, otorgan un poco de acción a la película con el susto inicial al niño, en el atraco al monje, así como con la invasión del pazo y el intento de violación de Basilisa o la quema, en venganza, de la guarida de la saludadora donde se refugia el fraile, quien mató al principio de la película a dos de sus hombres.

El fraile es un personaje del cuento *Beatriz*. Se le descrirbe como «un viejo alto y seco, con el andar dominador y marcial».[27] En su lugar, el fraile encarnado por Jorge Rivero, actor mejicano, es joven, apuesto, fuerte y soberbio y desprovisto por completo de cualquier halo de maldad sobrenatural. Eso sí, sorprende en él su actividad en la guerra

---

[26] Edición citada, 124.
[27] Edición citada, 91.

y su posición carlista. Como dice Javier Hernández:

> [...] el fraile era un personaje que en principio interesaba a
> Suárez, un ser atormentado que duda entre la realidad, el sueño o
> los fantasmas de su imaginación, entre sus fuertes instintos
> terrenales, su brazo de guerrero y su aspiración ascética. Pero el
> actor mejicano Jorge Rivero impidió con su soberbia de estrella que
> todo esto pudiera materializarse y Suárez optó por sacarlo
> encapuchado durante casi todo el metraje.[28]

Esa dureza mostrada por el realizador hacia el actor no es
capricho del crítico citado, si no, léase lo que opina Gonzalo
Suárez al respecto:

> Jorge Rivero era un actor terrible de esos de pelo cardado que
> venía de Hollywood donde había hecho un papel en un *western*
> con Howard Hawks. Era un actor espantoso, con el típico toque
> que odio, la antítesis de Paco Rabal, que era el que yo quería para
> ese papel, pero en ese momento estaba vetado. El mejor plano que
> le hice al actor mejicano fue ese de la capucha vacía.[29]

Cualquier comentario más al respecto resulta innecesario.
Por su parte, el estudiante, Máximo Bretal, es un personaje
sombrío, oscuro e inquietante de *Mi hermana Antonia*, poseído
por el Diablo y embaucador de Antonia. En la película resulta
el único personaje "humano", corriente, racional, que incluso
denota en sus diálogos la frescura de una persona no influida
por las supersticiones. Encarnado por José Sacristán, su alegría
de vivir y su materialismo racionalista lo convierten en el
personaje simpático y goliardesco del filme. No es en la
película alto, ni con ojos expresivos, ni de aspecto taciturno.
Su función en la obra fílmica es diametralmente opuesta a la
del cuento. No es un hombre maligno ni inquietante como

---

[28] *Op.cit.*, 259.
[29] En la edición de JAVIER HERNÁNDEZ, 259, como parte de una entrevista al autor
de la película realizada el 1-IX-1991.

aparece en Valle. Así lo percibía el niño narrador del relato:

> Aquel estudiante a mí me daba miedo. Era alto y cenceño, con cara de muerto y ojos de tigre, unos ojos terribles bajo el entrecejo fino y duro. Para que fuese mayor su semejanza con los muertos, al andar le crujían los huesos de la rodilla.[30]

Y por último, el niño, que no aparece en *Beatriz*, es el que relata, ya de adulto *Mi hermana Antonia*. En la película se mantiene esta estructura de narrador homodiegético, básica en la obra de Valle; es el adulto el que relata aquel momento de su infancia. Indudablemente conocemos la historia a través de su focalización pero nunca se describe a sí mismo cuando era niño, por lo que la construcción física de este personaje ha podido ser libremente elaborada por el realizador. La postura de Suárez con respecto al niño es lo bastante ambigua como para deducir que tampoco él es el auténtico protagonista de esta historia, que por no conllevar en sí una acción bien delimitada y elaborada, carece, como él mismo afirma, de protagonista:

> El niño se erigió en protagonista de una historia sin protagonista. Es decir, en espejuelo identificado para recorrer una historia donde el auténtico protagonista es el murmullo de un jardín abandonado.[31]

Y otras cuestiones de ambientación

Ese murmullo del jardín abandonado, no obstante, en la película se convierte en silencio. Silencio físico real durante largas pausas de diálogo, el cual, a su vez, se muestra lento y falto de frescura, lejano de recoger las bellezas literarias del original, y que sólo se convierte en un diálogo ágil cuando interviene Bretal. Todo ello refuerza la idea de no progresión

---

[30] *Op.cit.*,119.
[31] En GONZALO SUÁREZ, *op.cit.*, 44.

de la historia que olvida acciones del relato original y que, sin embargo, ha añadido anécdotas inservibles, distrayentes del núcleo central de la acción. Si sumamos el esquematismo en la caracterización de personajes, volvemos a los orígenes del conflicto creativo de este filme: la elaboración del guión. Recordemos que el cuento, como género, exige esa parquedad de construcción de personajes y la sobriedad y concentración de acciones, como también la eliminación anecdótica de descripciones. La estilización de un relato breve puede transvasarse en la creación de un cortometraje. Un largo requiere otro tratamiento no dado en el caso que tratamos. Tomemos por ejemplo el excesivo retardo producido en la presentación de personajes, que no se ha terminado de realizar cuando ya está planteado el conflicto. En concreto, Bretal aparece casi veinte minutos después de iniciada la película. Posee la cinta una lógica constructiva de narrativa breve insatisfecha por la lentitud y añadidos innecesarios que alarguen el filme hasta convertirlo en un largometraje.

Al menos, este planteamiento narrativo sirvió para poder realizar una concentración visual en elementos de la puesta en escena de gran carga simbólica. Como no podía ser menos, el gato, el lobo, el bosque, los personajes desharrapados, el muñeco vestido de monje, la vegetación del pazo, la oreja cortada, los rosarios, los ojos felinos de Nadiuska, sobresalen de la pantalla en múltiples ocasiones, realzando el valor de los elementos relacionados con el hechizo y los conjuros. Y sin embargo, la puesta en escena valleinclanesca ha sido desaprovechada. Elementos macabros y eróticos sustituyen la belleza del salón y los muebles descritos por Valle, o del rosario de cuentas del Monte Olivetto, o de otros elementos que el autor literario incluye como referentes claros de literatura infantil −caso del cuento de *Blancanieves*:

Vino una vieja con cofia a darle las gracias, y trajo de regalo un azafate de manzanas reinetas. En una de aquellas manzanas dijeron después que debía de estar el hechizo que hechizó a mi hermana Antonia.[32]

Una buena puesta en escena habría servido para hacer aún más notable la magnífica fotografía de la película, elemento, junto con la selección musical, inmejorable del filme. En los cuentos de Valle, las imágenes visuales juegan con los oscuros, con las sombras, llegando a veces al toque expresionista. Las imágenes auditivas se centran en los murmullos y los crujidos. En la realización del filme se han sustituido por una música de órgano bien seleccionada que proporciona un misterio inquietante justo en los momentos oportunos, y que recuerda mucho a las bandas sonoras de las películas expresionistas alemanas. La fotografía se recrea en una iluminación amarillenta, insuficiente para los lugares correspondientes, que asimismo desarrollan sombras muy apropiadas para la creación del clima general de miedo. Al mismo tiempo, los planos, muy del gusto del hermano del realizador y director de fotografía, Carlos Suárez, utilizan la sombra para marcar subespacios en el interior de los mismos y encauzar la mirada del espectador hacia un punto dentro de ellos. No basta un primer plano de un rostro, se refuerza una mirada gracias a las sombras, en particular la mirada de Nadiuska.

En este filme se produce el reencuentro, tras el paréntesis de *La regenta*, de Gonzalo con su hermano Carlos, quien ya firma con su propio nombre en los créditos y empieza a lucirse con una fotografía que no hará sino progresar. El director de fotografía ha sabido captar la luz requerida para cada secuencia y se ha permitido algún guiño a la estética terrorífica con el juego de sombras.[33]

---

[32] De *Mi hermana Antonia, op.cit.*, 121.
[33] JAVIER HERNÁNDEZ, *op.cit.*, 257.

Gonzalo Suárez decía, ya lo hemos leído, que Valle se basta a Valle. Hoy, a la vista de toda la filmografía de Suárez, también se puede decir que Gonzalo Suárez se basta a Gonzalo Suárez. Son demasiados los condicionantes de producción, comerciales, que han coartado la libertad de un creador fílmico como para poder reconocerlo en esta obra. Se podrían justificar muchos elementos de la construcción narrativa del filme sabiendo que para Suárez «la ficción es, primariamente y antes que cualquier otra cosa, ficción: mentira»[34] y que nada tiene que ver con el ritmo narrativo realista del cine comercial, como bien ha demostrado en sus producciones de los últimos años. Pero, tratándose el nuestro de un estudio comparativo entre literatura y cine, resulta inevitable y aconsejable la comparación, una comparación que nos lleva a afirmar la «endeblez cinematográfica de *Beatriz* [...] y un patente desaprovechamiento de la magia contenida en los dos relatos de Valle-Inclán»[35] y de la magia contenida en la filmografía de Suárez. No hay espejo para el espejo.

---

[34] Como dice JAVIER CERCAS en *La obra literaria de Gonzalo Suárez* (Barcelona 1993) 20.
[35] FERNANDO LARA en el cuadernillo *Valle-Inclán y el cine*, op.cit., 17.

FICHA TÉCNICO-ARTÍSTICA

Lotus Films

Basada en los cuentos *Beatriz y Mi hermana Antoni*a, de D.Ramón del Valle-Inclán.

Guión: Santiago Moncada y Gonzalo Suárez.

Todos los derechos reservados, Lotus Films Internacional S.A.

D.L. M-17660- MCMDXXVI.

Director de producción: José S.Vaquero.

Vestuario: Antonio Muñoz.

Maquillaje: Carlos Nin.

Decorados: Ramiro Gómez.

Montaje: Antonio Gimeno.

Música: I.F.Gurbindo.

Director de fotografía: Carlos Suárez.

Producida por Luis Méndez y Julián Esteban.

Dirigida por Gonzalo Suárez.

Ayudante de dirección: Rodolfo Medina.

Segundo operador: Julio Madurga.

Ayudante de producción: José Garilo.

Maquillaje: Toñi Nieto.

Técnico de sonido: Jesús Jiménez.

Jefe de electricistas: Fernando López.

Peluquería: Josefa Pérez.

Efectos especiales: Pablo Pérez.

Laboratorios: Fotofilm Madrid, S.A.

Secretaria de dirección: María Luisa Ibarra.

Regidor: José Luis Merino.

Ayudante de cámara: Fernando Fernández.

Fotógrafo: César Cruz.

Ayudante de maquillaje: Marina Pavía.

Ayudante de decoración: José Luis del Barco.

Sastra: Juana Ramírez.

Ayudante de montaje: Mercedes Gimeno.

Auxiliar de cámara: Alberto Vega.

Auxiliar de montaje: Ricardo Gimeno.

Jefe de transportes: Félix Fontal.

Sonorización: Cineart.

Iluminación: Gecisa.

Sonorización musical: Phonorecord.

Sastrería: Peris Hermanos.

Títulos: Alberto Corazón.

Atrezzo: Mateos.

Agradecemos la colaboración prestada para el rodaje de esta película a las autoridades de Monforte de Lemos y a los propietarios del pazo de Tor.

Exteriores rodados en Monforte de Lemos.

Duración: 85 minutos.

Formato: 35 mm. Color.

Reparto:

Carmen Sevilla (*Doña Carlota*), Nadiuska (*Basilisa*), Jorge Rivero (Fray Ángel), José Sacristán (*Máximo Bretal*),

Sandra Mozarowsky (*Beatriz*), Elsa Zabala (*Saludadora*), Elsa Zabala (*Rata*), Oscar Martín (*Juan*), Eduardo Bea (*Tres dedos*), Pedro Luis Lavilla (*Gondarín*), Juan Antonio Peral (*Pelos*), José Luis Velasco (*Cepillo*), Sandalio Hernández (*Cristamilde*), Sandalio Hernández (*Herrero*).

LUCES DE BOHEMIA
de Miguel Ángel Díez

por

Ana Recio Mir

ANA RECIO nació en Salamanca. Es Doctora en Filología Hispánica por la Universidad de Sevilla y profesora de Lengua y Literatura Españolas por oposición desde 1988. Además ha realizado estudios de música y cine en Sevilla, en la Edinburgh University y fue becada en 1994 y 1995 para recibir cursos de cine en la Universidad francesa de París VIII, donde fue alumna de Jean Narboni y Catherine Carlo. En 1992 fue premiado su libro *El cine, otra literatura* por la Consejería de Educación y Ciencia. Es coautora de *Miradas de mujer* e *Imágenes cinematográficas de Sevilla*. Tiene en prensa la edición de *Bonanza* de Juan Ramón Jiménez, así como su tesis doctoral que publicará la Diputación de Huelva en el año en curso.

LUCES DE BOHEMIA (1985)
DE MIGUEL ÁNGEL DÍEZ

Introducción

A diferencia de otras películas dirigidas por Mario Camus, como sucedió con *La casa de Bernarda Alba,* por ejemplo, o con *La colmena,* la que ahora nos ocupa, dirigida por Miguel Ángel Díez, no presenta una construcción argumental lineal. *Luces* se inicia con la muerte del protagonista y en un *feed back* o retroalimentación, el director nos va a explicar las razones de esa muerte haciendo hincapié en las motivaciones sociales, algo que, por otra parte, está muy presente en el texto fuente de Valle-Inclán.

Esta película, basada en el primer esperpento valleinclanesco, aborda la decadente historia de un poeta modernista, Max Estrella (Francisco Rabal), que no goza más que de una vida errática y miserable acompañado siempre de su fiel Latino de Hispalis (Agustín González), compañero en su trágico devenir hacia la muerte. Junto a la crítica social de la España del momento, Díez aprovecha para incidir sobre otro aspecto temático muy presente en esta obra valleinclanesca: el de la dignidad personal, el de la honra, tema éste muy explotado en la historia del teatro español. Max Estrella parece tener claro que es más importante morir dignamente que vivir con deshonra en la vileza. Más vale morir de pie, que vivir arrodillado. Por eso en este contexto, son significativas, en la secuencia inicial de la cinta, las palabras del monólogo de Latino de Hispalis:

> Tenía apostado sobre cuál de los dos emprendería el viaje. Has muerto de hambre como todos los españoles dignos. En España es un delito el talento.

Éste ha llegado a casa de su compañero de fatigas y se encuentra con su viuda (*Madama* Collet, en la obra, encarnada por Berta Riaza y Claudinita [Azucena de la Fuente]), en el velatorio del amigo. Esta diferencia de la pieza cinematográfica con respecto a la dramática –en la que la muerte de Max es resultado final de la desolación moral en que se ve inmerso, y de su propia decadencia– es la más notable de la línea argumental. Un escritor, Ramón (Mario Pardo) contacta con Rubén Darío (Manolo Cano en la ficción), amigo del difunto para publicar un libro inédito del finado y rogarle que escriba el prólogo, dada su amistad con el fallecido. La intención del primero es buena: desea salvar a Madame Collet y Claudinita de la ruinosa situación en la que han quedado tras la muerte de su compañero y padre respectivamente, pero el intento será en vano. Tras la muerte de Max su viuda e hija se suicidan y entonces retoma la película el inicio del argumento dramático. Y es que, como se indica paradójicamente al no poderse explicar la muerte de Claudinita: «Los jóvenes se matan por amar demasiado la vida».

Tras la visita a la librería de Zaratustra (José Vivó), donde Max será la víctima de la argucia de su infiel Latino y del vendedor de libros, se sucede la algarada callejera, en la que, los dos protagonistas ebrios se enfrentarán al poder conservador de los civiles, que los detienen. Van a parar a la presencia del Ministro, su antiguo amigo (Fernando Fernán Gómez), quien la única ayuda que le ofrece es una limosna. Ya en la cárcel coincide con el preso catalán (Imanol Arias) una de las secuencias más emotivas de la película, a la que sigue el asesinato del preso aplicando la ley de fugas.

En fin, el encuentro de los dos protagonistas con las prostitutas, y la escena de Rabal con Paula Molina (La Lunares) sobresale como uno de los momentos mágicos de la cinta. Tras esto se sucede la muerte de un niño, ante cuyo llanto se detiene Max conmovido, y desespera de la vida: «Nuestra vida es un círculo dantesco, Latino. Sácame de este círculo infernal [...] Latino, te invito a suicidarte arrojándonos del viento». La escena del delirio y muerte de Max, en un sobresaliente duelo interpretativo de Agustín González y Paco Rabal, ponen punto final a la película, al tiempo que Don Latino se aleja tras robarle a Max la cartera con el billete de lotería premiado.

Comentario

Las adaptaciones de obras de Valle-Inclán han gozado de desigual fortuna. El primero en llevarlo al cine fue Juan Antonio Bardem, quien, en una recreación muy personal, estrena en 1959 *Sonatas*. Situada la cinta en la Galicia de 1824 y en el Méjico de 1830 está protagonizada por el capitán Casares, en lugar de por el marqués de Bradomín, al que Bardem hizo peregrinar en el siglo XIX en su afán de ser libre. Como reveló el director de la cinta:

> Lo que he querido hacer es cambiar el signo de este héroe negativo que es el feo, católico y sentimental Marqués de Bradomín; transformarle en un ser humano frente a otros seres humanos, hacerle afrontar la realidad. [...] Se puede decir que este film [...] es el largo camino de la búsqueda de la libertad que recorre un hombre español en una época en la que el poder absoluto cierra todas las salidas.[1]

---

[1] J. A. Bardem, *"¿Por qué Sonatas?"*, *Esquemas de películas*, nº 131, VII. Pág. 25. Cfr. UTRERA, R., *Modernismo y 98 frente a cinematógrafo* (Sevilla 1981) 174-177.

A ésta seguiría la adaptación más realista de *Flor de santidad* de 1972, con guión de Pedro Carvajal, que, por problemas de censura, tampoco alcanzó el éxito deseado.[2] Terminada la dictadura, Gonzalo Suárez dirige *Beatriz (1976)*, partiendo de una recreación de dos novelas cortas de D. Ramón: *Féminas* y *Mi hermano Antonio*. El reparto no contribuyó excesivamente al triunfo de la película, con Carmen Sevilla, Nadiuska y Sandra Mozarowsky. Le sucedería *Divinas palabras (1978)* del mejicano Juan Ibáñez y protagonizada por Silvia Pinal. En 1988 se llevaba a las pantallas españolas una nueva versión producida por Víctor Manuel y Ana Belén, con guión de Enrique Llovet y dirección de José Luis García Sánchez, que constituyó un éxito comercial en aquel momento, gracias al protagonismo de Ana Belén. Es una de las adaptaciones más dignas de Valle.

En 1982, Fernando Méndez Leite y Miguel Picazo dirigen para televisión española *Sonata de estío* y *Sonata de primavera*, respectivamente. Once años pasaron hasta que José Luis García Sánchez llevó a la pantalla *Tirano Banderas*, la novela del dictador sudamericano de Valle, uno de cuyos hallazgos más notables fue la elección de su protagonista: Gian María Volonté, que realizó un trabajo extraordinario hasta hacer suyo al Santos Banderas de Valle: se metió en la piel del personaje del escritor gallego, campeando por ella como si de la suya propia se tratara en un profundo, inteligente y sensible proceso de interpretación, que fue reconocido en el Festival de Cine de Valladolid. Su trabajo ha llevado a Eduardo T. Gil Muro a afirmar:

> El premio que le dieron en Valladolid era algo más que un
> premio, era el reconocimiento a toda una manera de concebir la

---

[2] Según A. M. Torres «hubiese sido una película interesante y un prometedor comienzo de una nueva vertiente de su carrera, pero la ridícula censura del general Franco consideraba tan peligroso a Valle-Inclán como a la belleza de la italiana Eliana de Santís y destrozó el resultado». Cf. "Valle-Inclán y el cine", *El País semanal*, 25-XII-1988.

profesión como una entrega total al personaje. No es que la película
sea solamente él, pero es evidente que sin él no habría sido posible
o habría sido muy distinta esta película.[3]

Pero retrocedamos hasta 1985, año de la realización de
Luces de bohemia de Miguel Ángel Díez, quien, tras filmar
varios cortos, dirigió *Pecado mortal* (1976) y *De fresa, limón
y menta* (1977), cuyo guión había escrito junto a Fernando
Colomo.

La *Luces de bohemia* fílmica, de gran calidad interpretativa,
fue subvencionada, en parte, gracias a la firma de Pilar Miró,
en septiembre de 1984, por entonces Directora General de
Cinematografía y calificada de "película de especial interés
cinematográfico" por el Ministerio de Cultura el ocho de julio
de 1985. El presupuesto de la película alcanzó los 112 millones
de pesetas y su rodaje comenzó el 21 de enero de 1985. Fue
coproducida por Laberinto Films, S.A y TVE.

La cinta, a tenor de la crítica de los ochenta, no alcanzó la
calidad que la obra de Valle requería. Así Rafael Utrera, tras
incidir en la suerte del abundante presupuesto y los actores de
primera fila que en ella intervienen, cifra sus fallos en dos
apartados, en la naturaleza del esperpento, cuya dificultad de
adaptación le hace ausentarse de la cinta, y la excesiva
popularidad de sus actores.[4]

Por su parte, Francisco Marinero señala que la película
partía de una gran dificultad, la de «no desmerecer del original»
y de dos grandes ventajas: «las de poder atenerse al texto y

---

[3] E. T. GIL DE MURO, "Tirano Banderas", en AA.VV., *Cine para leer 1994* (Bilba
  1995) 432.
[4] «La película que firma Miguel Ángel Díez, es un producto anodino que resuelve
  en naturalismo lo que es esperpentismo; ahí está uno de los fallos más
  elocuentes; en segundo lugar, la significación conceptual y plástica, de figuras
  clave de nuestra literatura, como son ya Max Estrella y don Latino de Hispalis,
  nos suenan a conocidas porque son las caras populares de tanta y tanta película
  española». *Cf.* R. UTRERA:, "Luces de bohemia", *Juan Ciudad* (1986) 32.

aprovechar la experiencia lograda en los teatros».[5]

Si comparamos el texto dramático con el fílmico, hemos de resaltar la diversidad espacial de ambos textos con dos denominadores comunes: la incidencia en la miseria y en la presentación de ambientes degradados, por una parte, y la unidad temporal que conlleva la nocturnidad en que ambas se desarrollan.

La obra literaria transcurre en el Madrid de la primera década de este siglo y en ella Max Estrella y su inseparable Latino de Híspalis realizan su peregrinaje nocturno, en una suerte de descenso a los infiernos, que comienza en la escena primera con el despido de Max de la redacción del periódico en el que trabaja para proseguir atravesando diversos ámbitos espaciales: la librería de Zaratustra (escena segunda), la taberna de Pica Lagartos (escena tercera), una calle enarenada y solitaria (escena cuarta), el Ministerio de la Gobernación (escena quinta), donde el protagonista será detenido, tras lo cual se produce su ingreso en el calabozo (escena sexta), donde Valle-Inclán nos regala uno de los diálogos más bellos de la obra, el del protagonista y el preso catalán que, paradójicamente, es el único capaz de ver la lucidez del ciego cuando le indica: «Tiene usted luces que no todos tienen». A esto le sucede: la reunión de los modernistas en la redacción de *El Popular,* (escena séptima), el encuentro con Dieguito (un espléndido Manuel Galiana) y don Paco (escena octava) en la secretaría del ministerio, donde Max provoca una pequeña algarada para ser atendido por el ministro, antiguo compañero de correrías. La escena novena tiene lugar en el café Colón, donde aparece Rubén Darío. Se sigue el encuentro de Max y don Latino con las prostitutas, la vieja pintada y La Lunares, a la que Max respeta como caballero idealista que es, mientras su compañero se enreda con la vieja pintada. El encuentro de

---

[5] F. MARINERO: "Luces de bohemia", *Diario 16 (*4-IX-1987) 37.

Paco Rabal con Paula Molina constituye una de las secuencias más bellas y líricas de la obra, donde el encanto interpretativo de la Molina sobresale poderosamente. Destaca la hermosura técnica de la fotografía de Miguel Ángel Trujillo: el rostro de La Lunares y la calidad de su interpretación llenan la pantalla. Max resalta la honradez de la chica, cree, en su ceguera, que tiene los ojos verdes y pone de relieve su olor a nardos, que aquella acaba de vender.

La escena undécima es una de las de mayor dramatismo de la pieza: la algarada organizada por los ebrios modernistas se cobrará una víctima inocente, un niño muerto, motivo por el que la pareja protagonista hará un alto en su peregrinar. En seguida se expone la teoría del esperpento, que constituye el cuerpo central de la escena duodécima. En la siguiente, a la muerte de Max, Basilio Soulinake pretende hacer creer a su viuda que su marido no ha fallecido sino que se halla en estado cataléptico. En la penúltima escena, el marqués de Bradomín, alter ego de Valle, desea escribir las memorias del difunto para sacar de la ruina a la familia y charla con Rubén en el cementerio; para terminar, la acción retorna a la taberna de Pica Lagartos, en la decimoquinta escena de la obra, donde se descubre de nuevo la picardía de don Latino: ha robado al difundo el billete de lotería premiado que le había vendido Enriqueta la Pisabién.

Por su parte el guión ha sido confeccionado por la prestigiosa pluma de Mario Camus, que ha intentado innovar algo la obra procurando no salirse de los márgenes de la fidelidad al texto dramático, invirtiendo el orden de este último y haciendo hincapié en lo trágico: parte de la muerte del protagonista, mientras lo velan Madame Collet y Claudinita y llega don Latino, para, a continuación, presentar el entierro —con la aparición del propio Valle y Rubén— y la secuencia de la taberna a la que se agrega una nueva, la desarrollada en el despacho del periodista; tras esto, el texto cinematográfico retoma la escena primera de la obra dramática, reconstruyendo así el pasado de Max. A pesar del relieve que se le da a la tragedia en las primeras secuencias de la película, ésta pierde fuerza dramática y resta intensidad a la desdicha del protagonista ya que la muerte no se presenta como resultado final del amargo devenir del poeta modernista.

El acercamiento a *Luces de bohemia* se ve incentivado si partimos del origen de los personajes valleinclanescos, o lo que es lo mismo, si nos anegamos en la realidad del momento. En este sentido resultan indispensables los estudios de Alonso Zamora Vicente,[6] para quien los personajes de la pieza valleinclanesca están inspirados en personajes reales. De este modo, tras Max Estrella se esconde la figura del poeta sevillano de principios de siglo Alejandro Sawa, muerto en la indigencia, ciego y loco en 1909. Tras Max se retrata:

> [...] la vida y peripecias de este sevillano grandilocuente y casi fantasmal, envenenado de literatura y de bohemia, cuya muerte en la miseria debió de conmover hondamente a los jóvenes literatos, a los que luchaban denodadamente por un nombre, por la fama.[7]

Tras Zaratustra se esconde el librero Pueyo, editor de buena parte de los fondos modernistas del momento. Don Gay Peregrino es el trasunto literario del novelista Ciro Bayo. Rubén Darío aparece en su papel de pontífice máximo de la poesía modernista. El ministro de la gobernación no es otro que Julio Burell y Basilio Soulinake hace referencia a Ernesto Bark, emigrante eslavo, gran amigo de Alejandro Sawa. A su vez, Dorio de Gadex es un escritor y crítico que vivió «del sablazo

---

[6] *Cf.* entre otros: A. ZAMORA VICENTE, *La realidad esperpéntica –Aproximación a Luces de bohemia–* (Madrid 1969). Véanse del mismo autor los estudios introductorios de *Luces de bohemia* (Madrid 1979) o la más reciente edición de la misma obra (Madrid 1997).

[7] A. ZAMORA VICENTE, "Trasfondo real de la escena", *Luces de bohemia*. (Madrid 1997) 18.

y que murió ignorado, dentro de un olvido verdaderamente atroz y sin riberas».[8]

Y junto a ellos, la mención de numerosos personajes reales al hilo del diálogo teatral: Unamuno, Alfonso XIII, Maura, la infanta Isabel de Borbón, Pastora Imperio, Joselito, etc.

En definitiva, se trata de una interesante película, muy útil para una mayor difusión de esta obra, de difícil adaptación e interpretación. Los contrastes lingüísticos entre los personajes de diversas clases sociales quedan más difusos en la cinta, pero la obra sigue teniendo plena vigencia y un doloroso mensaje a transmitir: el frío moral que atenaza a Max Estrella cuando fallece (espléndido el trabajo de Agustín González y de Francisco Rabal en la secuencia final), mucho más helador que el atmosférico y verdadero causante de su muerte, constituye un canto repleto de autenticidad, una elevada y desesperada llamada a la esperanza, a la posibilidad de un mundo mucho más justo y generoso, más solidario, donde la amistad sea verdadera fraternidad humana. Ojalá «que la noche de Max Estrella no sea más que un viento último, volandera ceniza, pero esperanza, sí, esperanza en un mundo más cordial y desprendido, donde haya siempre tendida una mano al infortunio».[9]

---

[8] *Ibid.*
[9] R. DEL VALLE INCLÁN, *Luces de bohemia* (Madrid 1997) 30.

FICHA TÉCNICO-ARTÍSTICA

Director: Miguel Ángel Díez.
Guión: Mario Camus.
Producción: Laberinto Films, S.A.-
Televisión española, S.A.
Director de Producción: José G.
Jacoste.
Director de Fotografía: Miguel
Ángel Trujillo.
2º Operador: Julio Madurga.
Maquillaje: José AntonioSánchez.
Sonido: Carlos Faruolo.
Música: Alberto Iglesias.
Escenografía y Vestuario, Félix
Murcia.
Montaje: José Salcedo.
Ayte. Dirección: Josecho San
Mateo.
Ayte. Producción: Manuel Gullón.
Ambientador vestuario: Delfín
Prieto.
Ayte. Decoración, Luis Vallés.
Ayte.Montaje: Rosa Ortiz.
Peluquera: Francisco Nuñez.
Ayte. Cámara: Javier Serrano.
Ayte. Maquillaje: José Quetolas.
Script: Yuyi Beringola.
Ayte. Sonido: Daniel Mosquera.
Regidor: Julio Arribas.
Aux. Producción: Joseba Salegui.
Aux. Dirección: Juan Pablo Ocal.
Aux. Cámaras: Jesús de Frutos.
Aux. Montaje: Cristina Velasco.
Jefe Construcción: Ramón Moya.
Maquetista: Julián Martín.
Jefe electricistas: Rafael García
Martos.
Jefe maquinistas: Ángel Gómez.
Atrecistas, Austín Alcázar y Luis
Arribas.

Sastra: Manuela Iglesias.
Figuración: Carmen Zorrilla.
Electricistas: Francisco Durán,
Rafael Castro y Ángel Graneli.
Secretaria: Margarita Trujillo.
Contable: Julián Martínez.
Chófer producción. Juan Castro.
Vestuario, Cornejo;.
Atrezzo: Mateos.
Cámaras: Camararent.
Material eléctrico: Cinetel.
Efectos especiales: Francisco
García.
Grupo electrógeno: Paulino
Alonso.
Transporte: Ángel Merino.
Seguros: Legiscine.
Sonorización, Exa.
Técnico sonido: Eduardo Fernán-
dez.
Efectos sala: Luis Castro.
Laboratorios: Fotofilm Madrid.
Rodada en Madrid. Dep. Legal: M-
17.415-1985. Calificada para
Salas Comerciales y para Todos
los Públicos. Película subven-
cionada por el Ministerio de
Cultura.

Reparto:
Francisco Rabal (*Max Estrella*),
Agustín González (*Don Latino*),
Mario Pardo (*Ramón*), Ángerl de
Andrés (*Dorio*), Viky Lagos (*La
pisa bien*), Berta Riaza (*Madame
Collet*), Azucena de la Fuente
(*Claudinita*), Guillermo Monte-
sinos (*Chico Taberna*), Manolo
Cano (*Rubén*), Manolo Zarzo
(*Picalagartos*), Imanol Arias

(*Preso catalán*), Paula Molina
(*Lunares*), Fernando Fernán
Gómez (*Ministro*), Alfredo Mayo
(*Marqués de Bradomín*), José
Vivó (*Zaratustra*), Miguel Ángel
Rellán (*Don Gay*), Manuel
Galiana (*Dieguito*), Joaquín
Hinojosa, (*El Pollo*), Tony Canal
(*El Rey de Portugal*), Miguel
Arribas (*Serafín*), Antonio
Gamero (*Don Filiberto*), Fama
(*Mujer*), Cesáreo Estébanez
(*Borracho*), María Elena Flores
(*Vieja*), Abel Vitón (*Pérez*),
Wenceslao San Juan (*Clarinito*),
Saturno Cerra (*Don Justo*),
Manuel Sánchez (*Carmelo*),
Francisco Catalá (*Sereno*), Gloria
Blanco (*Portera*), José Yepes
(*Capitán Pitito*), Alfonso Castizo
(*Ujier*), Francisco Olmo (*Mín-guez*), Modesto Fernández
(*Lucio Vero*), José Maria Martí
(*Rafael Vélez*), María José
Barroso (*Chica*), Pedro Nieva
(*Guardia 1º*), Francisco Torres
(*Sepulturero*), José Ramón Pardo
(*Guardia 2º*), Isa Escartín
(*Vecina 1º*), Isabel Lag (*Vecina
2º*), Remedios Boza (*Vecina 3º*),
Antonio Sesma (*Viejo*).

BIBLIOGRAFÍA GENERAL Y HEMEROGRAFÍA SELECCIONADA SOBRE CINE Y LITERATURA

BIBLIOGRAFÍA Y HEMEROGRAFÍA SELECCIONADA SOBRE CINE Y LITERATURA

ACADEMIA. Revista del Cine Español, *Los dos espejos*, n° 12 (octubre 1995).

AMORÓS, A. *Luces de candilejas* (Madrid 1991).

AYALA, F., *El escritor y el cine* (Madrid 1996).

AZORÍN, *El cine y el momento* (Madrid 1953).

—*El efímero cine* (Madrid 1955).

—*El Cinematógrafo* (Valencia 1995).

BALDELLI, P., *El cine y la obra literaria* (La Habana 1966).

BRUNETTA, G. P., *Letteratura e Cinema* (Bologna 1976).

CERCAS, J., *La obra literaria de Gonzalo Suárez* (Barcelona 1993).

CINE Y LITERATURA, República de las Letras. Revista de la Asociación de Escritores de España (1997).

COLECTIVO, *Literatura, Cine, Sociedad* (La Coruña 1994).

COMPANY, J. M., *El trazo de la letra en la imagen (Texto literario y texto fílmico)* (Madrid 1987).

GIMFERRER, P., *Cine y Literatura* (Barcelona 1985).

EN TORNO A LA GENERACIÓN DEL 98. El texto iluminado (Zaragoza 1998).

ESPAÑA, R. de, "Antonio Machado visto por el cine español", en *Antonio Machado hoy*, Actas del Congreso Internacional Conmemorativo del Cincuentenario de la Muerte de Antonio Machado, vol. II (Sevilla 1990).

FERNÁNDEZ FERNÁNDEZ, L. M., *El Neorrealismo en la narración española de los años cincuenta* (Santiago de Compostela 1992).

FONS, A., "La piqueta tras la cámara", Revista *Nickel Odeón*, nº 7 (1997).

FUZELLIER, E., *Cinema et litterature* (Paris 1964).

GARCÍA JAMBRINA, L., "Cine y Literatura: dos ejemplos", Revista *Clarín*, nº 17, (Sep.-oct. 1998).

GIL DE MURO, E. T., *"Tirano Banderas"*, *Cine para Leer* (Bilbao 1994).

GIMFERRER, P., *Cine y Literatura* (Barcelona 1985).

GÓMEZ MESA, L., *La Literatura española en el Cine nacional* (Madrid 1978).

GÓMEZ VILCHES, J., *Cine y Literatura. Diccionario de adaptaciones de la Literatura Española* (Málaga 1998).

GORDILLO, I., *Nada, una novela, una película* (Sevilla 1992).

GUARINOS, V., *Teatro y Cine* (Sevilla 1996).
—*Laurence Olivier* (Barcelona 1996).

GUBERN, R., "La tía Tula", en *Antología crítica del Cine Español.1906-1995* (Madrid 1997).

HERNÁNDEZ LES, J., *Cine e Literatura: A Especificidade da imaxe visual* (S.Compostela 1993).

HERNÁNDEZ RUIZ, J., *Gonzalo Suárez: un combate ganado con la ficción* (Alcalá de Henares 1991).

LA GENERACIÓN DEL 98 Y EL CINE (Junta de Castilla y León 1998).

MARINERO, F., "Luces de bohemia", *Diario-16* (4-IX-1987).

MÍNGUEZ ARRANZ, N., *La novela y el Cine. Análisis comparado de dos discursos narrativos* (Valencia 1998).

MONCHO AGUIRRE, J. de M., *La adaptación literaria en el Cine Español* (Valencia 1986).

MORRIS, C.B., *La acogedora oscuridad. El cine y los escritores españoles....* (Córdoba 1993).

NAVAJAS, G., *Más allá de la postmodernidad. Estética de la nueva novela y el cine españoles* (Barcelona 1996).

NUESTRO CINE, nº 55, 1966. (Especial atención a "La busca").

PELAYO, A., "La busca", Revista *Reseña,* nº 21 (1968).

PÉREZ BOWIE, J. A., *Materiales para un sueño. En torno a la recepción del cine en España.1896-1936* (Salamanca 1996).

PORLÁN MERLO, R., *Memoria cinematográfica*, (Introducción y edición de RAFAEL UTRERA) (Sevilla 1992).

QUESADA, L., *La novela española y el cine* (Madrid 1986).

RECIO MIR, A., *El Cine, otra literatura* (Sevilla 1993).

REVISTA DE OCCIDENTE, Cine y Literatura (Madrid IX-1984).

RÍOS/SANDERSON (Eds), *Relaciones entre el Cine y la Literatura: un lenguaje común* (Alicante 1996).

STEPUN, F., *El teatro y el cine* (Madrid 1960).

URRUTIA, J., *Imago litterae. Cine.Literatura* (Sevilla 1984).

—*Semió(p)tica* (Valencia 1985).

UTRERA, R., *Modernismo y 98 frente a Cinematógrafo* (Sevilla, 1981).

—*Escritores y Cinema en España: un acercamiento histórico* (Madrid 1985).

—"Españoladas y españolados: dignidad e indignidad en la filmografía de un género", *Un siglo de Cine Español, Cuadernos de la Academia, nº 1, Academia de las Artes y las Ciencias Cinematográficas de España* (Madrid 1997).

—"*La busca*", *Cine, aquí y ahora* (Sevilla 1974).

— *Azorín:periodismo cinematográfico* (Barcelona 1998).

—"Luces de bohemia", Revista *Juan Ciudad* (Sevilla, I-1986).

—"Generación del 98", *Diccionario del Cine Español* (Madrid 1998).

—"Teatro y Cine. Algunas consideraciones sobre un contencioso histórico", Revista *Ínsula, nº 508 y 509* (Madrid 1989).

— "Intelectualidad y cinematografía españolas: unas relaciones convergentes", en *Turia. Revista Cultural, Nº 32-33* (Teruel VI-1995).

VALLE INCLÁN Y EL CINE, Ministerio de Cultura (Madrid 1986).

ZUNZUNEGUI, S., "La busca", en *Antología crítica del Cine Español.1906-1995*, (PÉREZ PERUCHA, J., Ed) (Madrid 1997).

ÍNDICE

ÍNDICE

EN ESTA MISMA COLECCIÓN

SE TERMINÓ DE IMPRIMIR LA
JORNADA XXVII DEL MES DE
JUNIO DEL AÑO DEL SEÑOR
DE MCMXCIX, DÍA EN EL QUE
SE CONMEMORA A SAN
ANECTO, MÁRTIR, EN
CESÁREA DE PALESTINA, EL
CUAL EN LA PERSECUCIÓN
DE DIOCLESIANO, HABIENDO
EXHORTADO A OTROS AL
MARTIRIO, Y DERRIBADO
LOS ÍDOLOS CON SU ORA-
CIÓN, FUE ATADO A CUATRO
PALOS Y AZOTADO POR DIEZ
SOLDADOS, LE CORTARON
LAS MANOS Y LOS PIES, Y FI-
NALMENTE LE DEGOLLARON.

LAVS LIBRIS